W0191893

Die Autorin

Susanne Hühn wurde in Heidelberg geboren und lebt und arbeitet nun in der Nähe von Darmstadt. Sie ist ausgebildete Lebensberaterin und ganzheitliche Physiotherapeutin. Sie schreibt spirituelle Selbsthilfebücher und gibt Lebensberatung, Channelings sowie Meditationskurse für Erwachsene und Kinder. Seit nunmehr fast zwanzig Jahren begleitet sie Menschen auf ihrem Weg zur Genesung. Mit dem Schreiben begann sie vor zwölf Jahren. Ihr erstes Buch erschien 2003 bei Schirner.

Das Buch

Angelehnt an das bekannte 12-Schritte-Heilprogramm zeigt die Autorin dem Leser in diesem Buch Wege, wie er seine Beziehungen auf eine vollkommen neue, sich aus dem Herzen entfaltende Weise führen kann. Sie beschreibt, warum manche Menschen immer wieder an Beziehungen scheitern und warum das auf der Seelenebene vorprogrammiert ist. Mit den 12 Schritten gibt sie dem Leser ein universales Werkzeug an die Hand, mit dem er Situationen auf eine neue Art bewältigen kann. Die Schritte führen den Leser zu einer echten spirituellen Anbindung, frei von Weltanschauungen oder Dogmen, und zeigen ihm den Weg zurück in sein Herz. Entsprechend lernt er, fortan aus dem Herzen heraus zu handeln und eine Brücke zu schlagen zwischen dem, was er innerlich ohnehin weiß und fühlt, und dem, was er durch scheinbare Sachzwänge nach außen hin lebt. Schritt für Schritt führt es ihn aus der Angst in die Liebe. Der Autorin ist es zudem gelungen, diese Schritte so zu formulieren, daß sie vom Leser immer dann, wenn er einmal nicht weiterweiß, als wertvolles und äußerst hilfreiches Werkzeug genutzt werden können.

Susanne Hühn

Loslassen
und die ideale Beziehung finden

In 12 Schritten zur erfüllenden Partnerschaft

ISBN 3-89767-219-7

© 2005 Schirner Verlag, Darmstadt
Erste Auflage

Umschlag: Murat Karaçay
Redaktion & Satz: Kirsten Glück, Eleni Efthimiou
Herstellung: Reyhani Druck & Verlag, Darmstadt

Printed in Germany

www.schirner.com

Inhaltsverzeichnis

Widmung 7
Vorwort 9
Einleitung 13

Der erste Schritt 19
➥ Meditation 31

Der zweite Schritt 33
➥ Meditation 43

Der dritte Schritt 45
➥ Meditation 54

Der vierte Schritt 59
➥ Meditation 81

Der fünfte Schritt 83
➥ Meditation 88

Der sechste Schritt 91
➥ Meditation 104

Der siebte Schritt 107
➥ Meditation 122

Der achte Schritt 127
➥ Meditation 133

Der neunte Schritt 137
➡ Meditation 146

Der zehnte Schritt 147
➡ Meditation 163

Der elfte Schritt 165
➡ Meditation 170

Der zwölfte Schritt 175
➡ Meditation 179

Anhang 187
Buchempfehlungen 189

Widmung

Für dich, geliebte Gaia, in Dankbarkeit und
Liebe. Ohne dich wäre das alles nicht möglich,
du schaffst uns den Raum und die Zeit.

»Frage nicht, was die Welt braucht.

Frage vielmehr, was dich lebendig macht.

Dann geh hin und tu es.

Denn die Welt braucht Menschen, die lebendig sind.«

Carlos Castaneda
in »Don Juan«

Vorwort

Liebe Leserin, lieber Leser,

ich freue mich sehr, Sie zu dieser Reise zurück zur Liebe begrüßen zu dürfen.

Ich schreibe dieses Buch im Jahr der Venus, auch wenn es erst im Jahre 2005 erscheint. Ich bitte an dieser Stelle bewußt Venus darum, uns zu erlösen, uns in diesem Jahr die Energie zu geben, die wir brauchen, um in Liebe und Fülle miteinander leben zu können. Ich möchte mit diesem Buch – das ich so wahrhaftig und ehrlich schreibe wie ich nur kann, meinen Beitrag leisten, diese Erde zu dem Paradies zu machen, das wir uns gewünscht haben, als wir uns darauf eingelassen haben.

Wenn Sie meine anderen 12-Schritte-Bücher kennen, dann wissen Sie, daß diese Bücher als eine Art Anleitung dienen, mit Situationen umzugehen, die wir allein nicht mehr meistern können.

Nun, in unseren Beziehungen ist es soweit, nicht? Wir können sie tatsächlich nicht mehr meistern.

Wir haben die tiefe Sehnsucht nach erfüllten Liebesbeziehungen, nach Beziehungen, in denen wir aneinander wachsen und uns einander nähern können, ohne Angst – in Liebe und Achtung. Wir sehnen uns nach sexuell erfüllten Beziehungen, nach echter körperlicher und seelischer Nähe, nach Beziehungen, in denen wir das volle Potential unserer seelischen und körperlichen Liebesfähigkeit leben können. Wir schreiben endlose romantische Gedichte und Lieder, egal welche Musikrichtung wir bevorzugen. Auch das härteste Heavy-Metal-Geprügel handelt meistens von Liebe. Rammstein, Marilyn Manson – auch diese Art von Musik handelt von Liebe, allerdings in ihrer krassen Form – die verletzte Venus, der verletzte Mars. Aber es sind Liebeslieder. Wir wollen nichts sehnlicher, als den Mut finden, uns zu lieben, Männer wie Frauen. Wir verstecken uns hinter Zynismus, hinter sexuellen Affären ohne Liebe, Ehen ohne Sex, oder wir bleiben allein. Wir wissen einfach nicht, wie wir die volle Bandbreite der Liebe so leben können, daß wir nicht wieder verachtet, beschämt, verlacht, verletzt und verlassen werden.

Wir wissen nicht, wie wir uns wahrhaft liebevoll und achtsam begegnen können, wir wissen nicht, wie wir unsere Selbstbestimmung behalten können, wenn wir Beziehungen eingehen, wir machen faule Kompromisse, um uns einigermaßen sicher und versorgt zu fühlen. Oder? Vielleicht gehen wir auch gar nicht erst Beziehungen ein, vor lauter Angst, uns wieder selbst zu verlieren.

Wir wissen nichts mehr, nur, daß die alten Programme nicht mehr funktionieren und daß uns alle eine gewaltige Sehnsucht verbindet, eine Sehnsucht nach liebevollen, erfüllenden, nährenden Liebesbeziehungen.

Ich bin wie Sie verletzt, voller Angst und Überdruß. Ich weiß nicht, wie wir all die Ansprüche, die wir an uns stellen, loslassen können. Und ich weiß nicht, was dann überhaupt noch übrigbleibt.

Diese Sehnsucht, diesen tiefen Wunsch nach erfüllten, liebevollen Beziehungen, in denen Nähe und Liebe statt Angst und Kontrolle im wahrsten Sinne des Wortes herrschen, all das teile ich mit Ihnen.

Ich weiß aber – und deshalb schreibe ich dieses Buch – wer dies wissen muß. Und ich weiß, wie wir uns an ihn wenden können.

Ich freue mich sehr, daß Sie mich begleiten wollen, hinein in dieses unbändige Abenteuer, das auf uns wartet, hinein in erfüllte, klare, liebevolle Beziehungen, in denen wir nicht länger Spielchen miteinander spielen müssen, sondern uns als das begegnen, was wir sind: Seelen auf ihrem Weg zur Vollendung.

Es wird Zeit.

Bitte erlauben Sie mir, Sie in diesem Buch mit »du« anzusprechen, dann fällt mir das Schreiben viel leichter, so kann ich viel persönlicher werden.

Um eines noch möchte ich dich bitten: Ich arbeite seit langer Zeit als Reinkarnationstherapeutin und beziehe mich manchmal auf die Wiedergeburt einer Seele. In meinem Buch schreibe ich so, als müsse es sie geben, weil sie für mich selbstverständlich ist. Ich bestehe nicht darauf, daß wir wiedergeboren werden, doch ich halte die Reinkarnationstherapie für ein sehr gut funktionierendes Werkzeug, Energien zu lösen. Zudem ergibt einiges unter dem Aspekt der Wiedergeburt für mich viel mehr Sinn. Wenn du dich damit nicht anfreunden kannst oder sie deinem Glauben widerspricht, dann bitte ich dich inständig, überlies es einfach und ärgere dich nicht. Verwirf nicht den ganzen Inhalt, nur weil vielleicht ein paar Ansichten für dich nicht stimmig sind.

Ich danke dir sehr für deine Offenheit.

Einleitung

Was ist das eigentlich, die ideale Beziehung? Und wie soll es ein Buch darüber geben, wenn doch bestimmt jeder etwas anderes darunter versteht?

Nun, hier auf der Erde vielleicht.

Im Himmel nicht.

Im Himmel ist eine ideale Beziehung jene, welche uns seelisch mit genau den Aufgaben konfrontiert, die wir uns zu bewältigen entschieden haben; die uns mit der Kraft versorgt, unser Leben zu leben, und uns den sicheren Hafen bietet, den wir brauchen, um mutig und bereitwillig unseren Weg zu gehen. Wie der äußere Rahmen dazu aussieht oder wie lange die Beziehung dauert, ist gar nicht so wichtig. Es spielt auch keine Rolle, ob diese Beziehung mit einem Mann oder einer Frau gelebt wird, solange sie die nötigen seelischen Aufgaben beinhaltet.

Eine ideale Beziehung hat beides, Entwicklungschancen und Ruhepole. In ihr zeigt sich eine gemeinsame Kraft, aber auch Gegensätze treten zutage, in deren Überwindung ein Teil unserer Herausforderungen liegt. Es stimmt nicht, daß man erst sich selbst lieben muß, um den richtigen Partner zu finden (ein äußerst hoher Anspruch!), manchmal lernt man dieses »sich selbst lieben« auch erst innerhalb der Beziehung. Alles, was man braucht, ist die Offenheit, sich hinzugeben und sich auf den anderen und sich selbst einzulassen.

Das ist schon schwierig genug, denn es erfordert die Bereitschaft, sich die eigenen Verletzlichkeiten und Ängste anzuschauen. Wenn wir diese Bereitschaft aufbringen, lieben wir uns bereits mehr, als uns vielleicht bewußt ist.

Zu lieben, auch sich selbst zu lieben, heißt nicht, sich toll zu finden oder sich nur mit den schönsten Dingen zu umgeben. Es heißt, ernsthaft an der eigenen seelischen Entwicklung interessiert zu sein, dafür zu sorgen, daß man das Beste in sich an den Tag bringt und zu dem Menschen wird, den Gott gemeint hat, als er ihn schuf. Und tust du das nicht gerade? Hast du dieses Buch nicht gekauft, um dir über einiges klarzuwerden? Ist das nicht ein großer Akt der Selbstliebe, dich mit deinem Leben zu beschäftigen und damit, wie du erfüllter, glücklicher und liebevoller leben kannst?

Die ideale Beziehung ist eine, die das Beste in uns fördert, aber auch Raum für die sehr verletzten und unerlösten Anteile in uns bietet, damit wir sie anschauen und heilen können. Dazu brauchen wir sehr viel Mut, sehr viel Offenheit und sehr viel Liebe. Aber seien wir ehrlich – wollen wir uns wirklich noch mit Halbheiten zufriedengeben? Haben wir uns nicht lange genug gegenseitig als Altersvorsorge, Putzfrau, Statussymbol, Sicherheitsnetz, Versorger und Häuslebauer mißbraucht?

Wir haben genug, nicht wahr? Wir stellen fest, daß unsere Art, miteinander zu leben, nicht mehr länger funktioniert, daß unsere Versorgungsverträge auslaufen. Status gegen Sex, finanzielle Versorgung gegen ein gemütliches Heim, Sicherheit gegen Verfügbarkeit.

Das wollen wir nicht mehr.

Unsere Konzepte von sexueller und emotionaler Treue basieren eher auf Co-Abhängigkeit und Angst als auf Liebe. Wir wollen dem anderen nicht wehtun, deshalb leben wir unsere Lebendigkeit nicht, wenn es der Partner nicht tut. Oder wir selbst vergraben uns so sehr in unsere Angst, daß wir uns sexuell und emotional verweigern. Vom geliebten Partner fordern wir das gleiche Opfer – mitgefangen, mitgehangen. Das ist keine Liebe.

Wenn wir Beziehungen eingehen, machen wir uns so von der Energie des anderen abhängig, daß wir uns regelrecht ausliefern. Anstatt in aller Offenheit und trotz aller Angst anwesend zu bleiben und sich genau damit zu zeigen, verschließen wir uns.

Wenn du mit jemandem zusammenlebst oder verheiratet bist, der seine Sexualität nicht leben will, dann weißt du, wovon ich rede. Oder du hast einen Partner, der dir seine Liebe verweigert, weil er »nicht lieben kann«, nicht

»beziehungsfähig« ist, also emotional nicht verfügbar. Auch dann weißt du, was ich meine.

Das sind alles andere Wörter für Angst. Für tiefe, existentielle Angst, sich in Beziehungen auszuliefern oder sich selbst und die eigenen Verletzungen zu spüren. Meistens fürchten wir beides. Wenn du dich einer Beziehung wirklich hingibst und öffnest, kommst du unweigerlich an deine Verletzungen, deine Scham, deine Angst. Doch nur wenn auch das sein darf, wenn auch das in einer Beziehung willkommen ist und Raum bekommt, kann echte Liebe fließen.

Echte Liebe fließt immer dann, wenn wir echte Nähe zulassen, uns wahrhaft öffnen und uns so zeigen, wie wir sind, mit allen Ängsten und Verletzlichkeiten, mit unseren Träumen, Sehnsüchten, mit den erleuchteten und den noch unerleuchteten Teilen in uns. Dann fließt Liebe automatisch, sie ist ein Nebenprodukt von Nähe. Das hast du sicher bereits erlebt. Selbst wenn du jemanden nicht verstehst, Angst vor ihm hast oder ihn nicht magst – wenn er sich öffnet und sich zeigt, spürst du plötzlich Mitgefühl und dieses warme Gefühl im Herzen. Das ist Liebe.

Wir brauchen neue Möglichkeiten, uns zu lieben und Beziehungen einzugehen, Möglichkeiten, die es so auf dieser Erde noch nie gab. Nicht nach dem, was wir uns gegenseitig angetan haben. So wird dieses Buch ein ziemlich ernsthaftes Buch über Vergebung und über Liebe. Du wirst hier nichts über Moral, über Verbote finden, aber eine Menge über Selbstverantwortung und über Gott.

Daß wir uns überhaupt auf dieses so überaus schmerzliche Thema einlassen, liegt an der tiefen Sehnsucht, die wir nacheinander haben. Diese Sehnsucht dient dazu, daß wir uns auf den Weg machen, den alten Schutt beiseite zu räumen, und bereit werden, alles, aber auch wirklich alles, dafür zu tun, endlich in Liebe miteinander leben zu können. Selbst wenn das heißt, daß wir vergeben lernen müssen. Vergeben lernen ist eine der härtesten Übungen auf diesem Planeten.

Wir nutzen für unsere Arbeit ein 12-Schritte-Programm, wie es auch die Anonymen Alkoholiker tun. Meiner Ansicht nach beinhaltet es alles, was wir brauchen, um neue Wege zu finden.

Du glaubst nicht, wie sehr ich mich freue, daß du diesen Weg zumindest ein Stück mit mir gehen möchtest. Wir erlösen dadurch uns selbst und den ganzen Planeten von den alten angsterfüllten Strukturen.

Danke, liebste Seele, ich danke dir von ganzem Herzen.

»Die Liebe – darüber sind sich nun alle Gelehrten einig – ist eine der couragiertesten Eigenschaften des menschlichen Herzens. Die Bastionen von Rang und Stand schmettert sie mit einem Feuerblicke darnieder; die Welt ist ihr zu eng und die Ewigkeit zu kurz.«

Joseph Freiherr von Eichendorff

Der erste Schritt

Wir geben zu, daß unsere Art, Beziehungen miteinander einzugehen, nicht länger funktioniert und daß wir nicht wissen, wie es anders laufen könnte.

Hast du genickt? Das ist keine Bankrotterklärung, sondern der Beginn eines neuen Weges. Wir können nicht wissen, wie wir liebevoll und achtsam miteinander umgehen können, weil wir diese Situation noch nie auf Erden hatten. Wir haben schmerzlich gelernt, was männliche und was weibliche Energien sind und was sie in ihrer Extremform anrichten können. Dabei rede ich nicht von Männern und Frauen, sondern von Yin und Yang, von den zwei entgegengesetzten Polen, die unsere Welt bestimmen und im wahrsten Sinne des Wortes in Form bringen.

Alles, was wir uns im Großen und im Kleinen gegenseitig antun, sind seelische Studien darüber, wie sich männliche und weibliche Energien zueinander verhalten können. Aber wir haben es jetzt erforscht, wir wissen jetzt alles darüber, wie sehr wir uns gegenseitig mißbrauchen, unterdrücken, verletzen und ausnutzen können, nicht wahr?

Wenn nicht, wenn tatsächlich noch eine Erfahrung fehlen sollte, wird sie einer von uns machen, und wir werden in der Zeitung darüber lesen. Du darfst dich aber entscheiden, auszusteigen und weiterzugehen.

Und dazu ist der erste Schritt da: um das Alte aufzugeben. (Nein, nicht die Beziehung, sondern die Art, wie wir miteinander umgehen.) Selbst wenn du in einer einigermaßen glücklichen Beziehung lebst, so beruht sie sicher doch zum großen Teil auf Kompromissen, oder? Männer und Frauen scheinen so unterschiedliche Bedürfnisse zu haben, daß es irgendwie keinen Weg zu geben scheint, der für beide wirklich gut ist. Es sind immer diese Kompromisse, über die wir lachen, wenn sie uns in Witzen begegnen, die uns aber im täglichen Leben das Lachen im Halse steckenbleiben lassen.

Müssen wir wirklich mühsam lernen, miteinander zu reden? Brauchen wir tatsächlich Kurse über Männer- und Frauensprache? Mit Sicherheit sind diese Kurse sehr wertvoll und wichtig, weil wir uns dadurch einander annähern können. Aber ist es wirklich das, was die göttliche Kraft gemeint hat, als sie Männer und Frauen schuf?

Wir haben alle eine gemeinsame Sprache.

Glaubst du nicht, daß wir eine gemeinsame Sprache

haben, eine Sprache, die wir nicht erst lernen müssen, sondern die tief in uns von Beginn an angelegt ist? Eine Sprache des Herzens, unabhängig von Hormonen, rechten, linken und mittleren Gehirnteilen?

Nein, auch ich kenne sie nicht, aber wenn es eine gäbe, wäre es dann nicht klug, sie zu erlernen? Oder – das wäre noch besser – uns daran zu erinnern? Hmm, warum fragen wir nicht den, der uns erschaffen hat? Wenn es einer weiß, dann er, oder?

Aber Vorsicht!

Wenn wir tatsächlich lernen wollen, die gemeinsame Sprache des Herzens, der Liebe und der Wahrhaftigkeit zu sprechen, müssen wir uns gegenseitig aus den Fesseln entlassen.

Denn ist es nicht eher so, daß wir sehr wohl glauben, wir wüßten, was nötig wäre, um liebevolle Beziehungen zu führen? Wenn Männer doch nur mehr so wären, wie wir sie gerne hätten, dann könnte es klappen? Wenn Frauen doch nur mehr von dem tun oder lassen würden, was Männer wollen, dann wäre alles in Ordnung? Haben wir die Rezepte nicht längst in der Tasche? Und beinhalten sie nicht immer die Veränderung des anderen?

Wir müssen, wenn wir echte Veränderungen erreichen wollen, alles loslassen, auch die alten Konzepte, die Versorgungsverträge, die Verträge der Treue, der ewigen Liebe, der Sicherheit, der Ehe, wie wir sie meistens leben. Es kann ja sein, daß wir den einen oder anderen nachher neu unterschreiben, aber zunächst müssen wir bereit sein, alles, wirklich alles in Frage zu stellen, selbst unsere eigenen Reaktionen.

Wenn wir uns wirklich darauf einlassen, »ich weiß nicht« zu sagen und die alten Konstrukte loszulassen, dann können wir erkennen, in welchen Bereichen wahre Liebe und Lebendigkeit fließen darf, und daraus lernen. Und wir sehen, welche Ideen eher dazu dienen, das Leben und besonders unsere sexuelle Kraft im Zaum zu halten. Vielleicht brauchen wir in diesen Bereichen neue Regeln, Regeln, die dem Leben und damit der Liebe dienen, anstatt sie zu verhindern.

Schauen wir uns doch erst einmal an, was wir in unseren Beziehungen wollen.

Wozu genau suchst du eine Beziehung? Wie soll er oder sie sein? Welche Bedürfnisse hättest du gerne erfüllt? Wie soll er oder sie aussehen? Welche Qualitäten soll er oder sie in dein Leben bringen? Und welche auf keinen Fall?

Hast du eine Liste mit Forderungen? Mit Ansprüchen? Vielleicht bestehst du darauf, daß dir ein Mann umständliche und romantische Liebesgeständnisse macht als Beweis dafür, daß er es ernst meint und dir nicht wehtut, bevor du auch nur in Betracht ziehst, dich auf eine Beziehung mit ihm einzulassen. Du hast möglicherweise nie gelernt, deiner inneren Stimme zu vertrauen, derjenigen, die dich warnt, wenn Liebe nicht fließt oder dir grünes Licht gibt, wenn eine Situation sicher ist.

Eine meiner Freundinnen besteht auf einer ganzen Reihe von Eigenschaften, die »er« mitbringen muß, bevor sie ihm ihre Telefonnummer gibt. Das ist ihr Halt, ihr Anker, dann weiß sie, er ist der Richtige. Sie hat nie gelernt, ihrem Herzen zu vertrauen. Eine andere fühlt sich bereits geliebt, wenn er ihr eine SMS schickt. Auch sie traut ihrem Herzen nicht, will nicht wahrhaben, daß es leer bleibt.

Was genau erwarten wir eigentlich von einer Beziehung?

Worum geht es da wirklich? Was wollen wir? Was verbirgt sich hinter unseren Ansprüchen? Und wollen wir nicht alle das gleiche? Wollen wir nicht alle, daß der andere wirklich an uns interessiert ist, bereit ist, sein oder ihr Herz für uns zu öffnen?

Was ist mit: »Ich will nicht allein sein.« »Ich will Zärtlichkeit.« »Ich will ein Kind.« »Ich will mich sicher fühlen«? Und, wenn wir noch ehrlicher sind: »Ich will mich versorgt fühlen.« »Ich brauche jemanden zum

Anlehnen.« »Ich brauche jemanden, der mich liebt und den ich lieben kann, für den ich der wichtigste Mensch der Welt bin«? Und mit: »Ich brauche jemanden, für den es sich lohnt, abends nach Hause zu kommen und morgens aufzustehen«? Oder auch: »Ich brauche jemanden, der mir das Gefühl gibt, begehrenswert und wertvoll zu sein, jemanden, mit dem ich Sex haben kann, und jemanden, der mir das Gefühl gibt, vollständig zu sein«?

Werde dir darüber klar, warum du Beziehungen eingehst.

Das ist alles vollkommen in Ordnung. Aber dies sind auch die Gründe, warum Beziehungen häufig nicht funktionieren.

Warum? Weil es eine andere Liste gibt, eine meist völlig unbewußte. Die Liste der Seele. Sie könnte so aussehen:

Also, ich wollte noch lernen, mich nicht immer so abhängig zu machen – außerdem bin ich viel zu sehr an Äußerlichkeiten interessiert ... und wenn ich schon dabei bin, dann schau ich mir auch noch die Übung mit dem Selbstvertrauen an.

Spirituell ausgedrückt heißt das:

Ich bin Liebe, ich bin Freiheit, ich bin Schöpferkraft, und ich werde lernen, das nicht zu vergessen, ganz gleich, in welch scheinbar auswegloser Situation ich mich auch befinde.

Das klingt nicht sehr verführerisch, und wenn wir uns dessen bewußt wären, ließen wir dann nicht gleich die Finger von Beziehungen? Deshalb gibt es all die gewinnversprechenden Bedürfnisse, die, die uns auf die Suche gehen lassen, die uns öffnen und uns Beziehungen verkaufen wollen. All die Bedürfnisse des Ego (Geld, sexuelle Macht, Status), des Körpers (Sex, Zärtlichkeit, Wärme) und der Psyche (Sicherheit, Geborgenheit, Vollständigsein) dienen dazu, die Ziele der Seele zu erfüllen. Weil wir aber meistens den bequemen Weg gehen wollen und uns gewiß nicht auf schmerzliche Erfahrungen einlassen, nur um einer für viele von uns weit entfernten Seele zu dienen, verschleiert das Ego die wahren Absichten der Seele. Es zieht uns in die Beziehungen, die wir brauchen, um zu wachsen und zu reifen, aber es verpackt sie in sexuelle Attraktivität, in dicke Bankkonten und in ein liebevolles, fürsorgliches Lächeln.

Nachdem die Geschenke ausgepackt sind, beginnen uns die wahren Gründe, warum wir diese Beziehung eingegangen sind, klarzuwerden. Spätestens jetzt bemerken wir, daß wir die Katze im Sack gekauft haben, daß wir wieder genau auf dieselben Themen stoßen wie in der letzten Beziehung und in der Beziehung davor. Und warum? Weil es für dich um diese Themen geht und du nicht an ihnen vorbeikommst, gleichgültig, wie sorgfältig du dir deinen Partner aussuchst und wie viele Bedingungen du stellst, um genau das zu vermeiden. Deine Seele sucht sich zielstrebig den, den sie braucht, ganz gleich, welche Verpackung du wählst und wie sehr du zu kontrollieren versuchst. (Meistens denken wir dann, Männer oder Frauen sind eben so, aber das stimmt nicht: Die Person, die du in diesem Moment zu deiner Entwicklung brauchst, muß so sein!)

Du wirst nun also, ganz gleich, was du suchst, immer einen Partner finden, der dich mit genau deinen Themen konfrontiert. Er könnte einen Beruf haben, in dem er sich die Hände schmutzig machen muß (Äußerlichkeiten). Oder er hört dir nie richtig zu, versteht dich nicht (Selbstvertrauen). Vielleicht hat er lange Haare oder trägt nicht die Kleidung, die deinem Geschmack entspricht. Möglicherweise ist er dicker, als du es normalerweise akzeptierst, oder er ist furchtbar eifersüchtig auf alles und jeden. Oder er verweigert Nähe und Zärtlichkeit, sagt zu allem ja und amen oder grundsätzlich nein. Fazit: Die Liebe kann nicht fließen.

Er wird sicherlich versuchen, dir vorzuschreiben, wie du dich zu verhalten hast, wann das Essen auf dem Tisch stehen muß, wann du wie viele Kinder bekommst oder ob du arbeiten gehen darfst (Abhängigkeit). Vielleicht betrügt oder verläßt er dich auch, und du stehst plötzlich wieder allein da. Dann bekommst du die Lektionen zu Abhängigkeit und Selbstvertrauen in einem Abwasch.

Das alles hört sich nicht sehr aufbauend an. Was aber wäre, wenn du wüßtest, daß echte Liebe und echte Erfüllung jenseits von offenen Zahnpastatuben möglich ist? Daß du dich nur bereitwillig auf die Lektionen der Seele einzulassen brauchst, um alles zu bekommen, was du dir wünschst?

Dein Partner wird dich mit deinen Themen konfrontieren.

Denn dann braucht dir das Leben keine Mogelpackung mehr zu verkaufen, dann braucht dich dein Ego nicht mehr zu verführen, dann öffnest du die Augen und wirst dir bewußt, worauf du dich einläßt!

Die Bedürfnisse nach Liebe, Nähe, Sicherheit und Vertrautheit sind mit im Paket, keine Sorge. Denn nur wenn dieses Fundament trägt, bist du überhaupt in der Lage, dich wirklich und wahrhaftig auf die meist schwierigen Lektionen der Seele einzulassen. Wenn du dir selbst erlaubst, den Partner zu treffen, mit dem du lernen kannst, was es zu lernen gibt, dann bekommst du Liebe und Nähe als Verpackungsmaterial mitgeliefert, als Stoßdämpfer, als Grundvoraussetzung dafür, daß du deine Lektionen lernen kannst. Wir lernen sie, ob uns das gefällt oder nicht. Aber es ist ein fundamentaler Unterschied, ob wir uns bereitwillig hingeben oder das Leben uns verführen muß.

Das heißt nicht, daß du deine Bedürfnisse nach Liebe, Nähe, Vertrauen, Sicherheit und einer Familie nicht ernst nehmen sollst. Sie gehören zu dir und sind wichtige Antriebskräfte in deinem Leben. Letztlich aber sind sie mehr oder weniger Ansprüche, die du an den anderen stellst. Und weil sich die Seelen miteinander verabreden, nicht die Egos, klappt das nicht. Du wirst immer den idealen Partner finden, weil sich die Seele in ihrer Aufgabenstellung nicht irrt. Wenn du dich also fragst, wo du die ideale Beziehung findest, dann ist die Antwort: Du hast sie schon. Und zwar egal, ob du in einer Beziehung lebst oder

> *Die Seele irrt sich in ihrer Aufgabenstellung nicht.*

nicht. Wenn du es gerade nicht tust, dann ist das aus der Sicht der Seele der ideale Zustand für dich. Jetzt wird es vielleicht einfach Zeit, die Aufgaben endlich zu erledigen und dann weiterzugehen, hinein in Erfüllung und Liebe.

Dazu ist es absolut sinnvoll, diese seelische Liste zu kennen, zumindest von ihr zu wissen, denn sonst verstehst du die Lektionen nicht. Dann sitzt du wie früher in der Schule vor der Textaufgabe und weißt nicht, wie du sie lösen sollst.

Deine Seele ist immer bestrebt, dich zu mehr Liebe und Selbstverantwortung zu führen, denn das ist ihr Wesen. Dazu ist ihr fast jedes Mittel recht, nein, letztlich sogar jedes. Die kollektive Seele der Menschheit schickt sogar machtmißbrauchende Diktatoren zur Erde, um uns zu zeigen, wozu wir fähig sind, und damit wir aufwachen und lernen, laut und deutlich NEIN zu sagen.

Was für eine unermeßliche Last bürden sich diese Seelen auf, um sich selbst und uns zu zeigen, was wir zulassen, wenn wir nicht in der Liebe sind!

Friede sei mit ihnen und mit allen, die diese Lasten mittragen, egal, von welcher Seite.

Was lernen wir daraus? Deine Seele meint es unter allen Umständen ernst. Gleichgültig, was du veranstaltest, um deine Bedürfnisse zu erfüllen, sie wird dich zu den Lehren führen, die anstehen. Sie ist dabei äußerst zielstrebig und beharrlich. Wenn sich der Partner, mit dem du zusammenlebst, der Entwicklung verweigert, sorgt sie auf lange Sicht dafür, daß du einen anderen findest, mit dem du das leben kannst, was für dich gerade ansteht. (Und manchmal ist genau diese Lektion der

Sinn einer Beziehung: Du lernst, zu gehen, wenn die Liebe nicht mehr fließen kann.)

Wir können unser Leben nicht in Schubladen sperren und in Schranken verweisen. Die Seele sucht sich über unsere Bedürfnisse ihre Möglichkeiten, ganz gleich, wie sehr und wie lange wir versuchen, das zu vermeiden. Wenn du also in einer stabilen, liebevollen Beziehung leben willst, dann erlaube den seelischen Aufgaben, sich zu zeigen, und öffne dich dafür – so einfach ist das.

Jeder von uns hat einen bestimmten Seelenplan.

Einfach, aber, wie immer, nicht leicht.

Wenn wir unseren Seelenplan kennenlernen und ihn mit allen Kräften erfüllen wollen, uns also tatsächlich bewußt anschauen, wo wir noch nicht in der Liebe sind, werden wir als Belohnung sehr schnell frei. Das Leben und Gott kommen uns tatsächlich tausend Schritte entgegen, wenn wir nur den ersten tun. Diesen Schritt müssen wir allerdings allein gehen, darin zeigt sich unser sogenannte freie Wille.

Deine wundervolle Freiheit besteht darin, daß du auch einen anderen Weg gehen darfst als den, den dein Herz für richtig hält (natürlich gehört auch das zu deiner seelischen Entwicklung, so frei ist unser Wille nun auch wieder nicht, daß wir völlig aus dem Plan herausfallen können). Das machen wir ein paar Inkarnationen lang, dann haben wir genug vom freien Willen und sehnen uns nach unserem ureigenen Seelenplan. Denn wir alle brauchen wahre Liebe und Einheit mit der Schöpfung.

Wie dieser Seelenplan aussieht, den du vielleicht noch zu erfüllen hast, erfährst du in den nächsten Schritten.

Unsere Seelen wissen nun alles, was es über lieblose Beziehungen zu lernen gibt. Räumen wir den letzten Schutt beiseite, und erschaffen wir uns einen neuen Seelenplan, einen, in dem Erfüllung, Vertrauen und Liebe die wichtigsten Ziele sind!

Wie?

Nun, zunächst brauchen wir eine Kraft im Universum, die weiß, was sie tut.

Meditation:

Stell dir vor, daß all die Themen und Schwierigkeiten, denen du in Beziehungen begegnest, kleine Bälle sind, mit denen du jonglierst. Immer bestrebt, keinen auf die Erde fallen zu

lassen, springst du von hier nach dort, strengst dich an, verausgabst dich vollkommen ...
Erlaube dir, das für eine kleine Weile zu spüren.
Und nun nimm die Arme herunter, laß los. Laß die Bälle so fallen, wie sie das wollen.
Hör einfach auf, die Bälle in der Luft halten zu wollen.
Spürst du die unermeßliche Erleichterung, wenn du aufhören darfst, die Situation im Griff zu haben?

Es war nie deine Aufgabe, dich damit aufzuhalten, alles unter Kontrolle zu bekommen. Das Leben ist ein Fluß, nicht ein Problem, das es zu lösen gilt. Laß los, wenn es dich so sehr anstrengt, so waren Beziehungen nicht gemeint. Du darfst dich jetzt entspannen, es gibt etwas so viel Besseres als deinen gewohnten Kampf.

Der zweite Schritt

Wir kommen zu dem Glauben und dem Vertrauen, daß es eine liebende, höhere Kraft gibt, die die Fäden in der Hand hält und weiß, was sie tut.

Je mehr Bücher ich über die 12 Schritte schreibe, desto klarer wird mir, worum es im zweiten Schritt wirklich geht. Wir alle glauben bereits an eine Höhere Macht, das ist nicht das Thema. Aber wie sieht sie aus, deine Höhere Macht? Ist sie liebevoll, nährend, an lebendigen, erfüllten Beziehungen interessiert? Oder dient sie der Angst? Welchen Namen trägt sie?

Ich schlage dir ein paar Bezeichnungen für eine Höhere Macht vor, eine Macht, an die du glauben könntest und der du vielleicht in Beziehungen bewußt oder unbewußt dienst.

Kirche und Religionsgemeinschaften

Die Kirche als Institution führt sich manchmal auf wie eine Höhere Macht, mit lust- und lebensfeindlicher Ausrichtung. Von liebevollen, gottgewollten Liebesbeziehungen zwischen Männern und Frauen scheint sie nichts zu halten, und schon gar nichts von liebevollen, gottgewollten Beziehungen zwischen gleichgeschlechtlichen Partnern. Der Definition nach dient die Kirche Gott, doch sie IST nicht Gott. Nicht einmal der Papst IST Gott; das hat er auch nie gesagt. Wenn sich die Kirche in einigen Bereichen vielleicht zu irren scheint, nun, dann ist das genau das: ein Irrtum, nichts, dem du zu folgen brauchst.

Dein »guter Ruf«

Kennst du die Sätze, die ich nachfolgend aufliste? Vielleicht nicht, wenn du unter zwanzig bist, aber wenn du die Dreißig überschritten hast, weißt du, was ich meine:

> *»Der Mann, der dich mal kriegt, tut mir jetzt schon leid.«*
>
> *»Mach dich rar, Kind, sonst verlieren die Männer das Interesse.«*
>
> *»Mädels, die leicht zu haben sind, finden nie einen Mann, der sie heiratet.«*
>
> *»Ruf ihn nie, nie als erste an.«*
>
> *»Bring mir bloß kein Kind mit nach Hause.«*

Und so weiter und so fort. Diese Sätze sind tief verankert, auch wenn wir sie vergessen haben oder schon lange daran arbeiten, sie loszuwerden. Wenn du deinem guten Ruf dienst (und damit der Angst, so, wie du bist, nicht liebenswert zu sein), wirst du nie frei sein, zu tun, was sich für dich richtig und gut anfühlt, ja, meistens erlauben wir uns nicht einmal, das zu spüren. Wir kontrollieren unsere sexuelle Kraft und unser Bedürfnis nach Nähe und Liebe, um nach außen hin unerreichbar und distanziert zu erscheinen.

Nun ja. Es gibt Männer, die darauf stehen. Aber was willst du mit denen? Du wirst die Maske »Ich brauch nichts, ich will nichts, und ich gebe mich nie hin« aufrechterhalten müssen, solange du kannst, denn du weißt genau, er verläßt dich, wenn er sieht, wie bedürftig und verletzlich du wirklich bist ...

Oder die männliche Variante:

»Männer weinen nicht.«

In diesem Satz steckt das gesamte Drama der Männer. Gefühle zeigen ist immer noch nicht angesagt, und wenn doch, dann nur die guten, liebevollen, verletzten. Die, mit denen wir Frauen nicht überfordert sind, sondern bei denen wir Mutter spielen dürfen.

Die echten Gefühle der Männer wollen wir nach wie vor nicht wahrnehmen müssen, oder? Oder willst du wissen, wie oft er sich enttäuscht und beschämt von dir abwendet, weil du keine Lust auf Sex hattest? Willst du wissen, wie oft er sich bedrängt fühlt, weil du hören willst, was er denkt? Willst du tatsächlich wissen, wie oft er den Abend lieber mit seinen Kumpels verbringen würde, sich aber nicht traut, es dir zu sagen, weil du sonst verletzt bist und dich zurückgewiesen fühlst? Und willst du wirklich wissen, wie oft er tatsächlich einfach »nichts« denkt, obwohl sein gedankenverlorener Blick den Eindruck erweckt, er ersinne gerade eine Ode an dich oder an die Schönheit der Welt? Hältst du es aus, wenn er in Gedanken nicht mit dir beschäftigt ist, dir also keine Energie gibt, sondern einfach nur Fußball gucken will?

Glaube an eine Höhere Macht.

Wir erlauben Männern sehr wohl, Gefühle zu zeigen. Wir fordern es ja geradezu. Aber Frauengefühle. Kindergefühle. Keine Männergefühle. Denn die bringen uns in Schwierigkeiten, denn wir müssen ja darauf reagieren – glauben wir, oder sie machen uns so angst, daß wir sie nicht ertragen. (Oder kannst du in deiner Kraft bleiben, wenn dir ein wütender Mann gegenübersteht?)

Geld, Angst, Sex, dein Verstand, die Regierung, Mangel, die Gesellschaft, dein Nachbar, deine Mutter, Schuld, Scham, die Hölle, das ewige Himmelreich:

Wenn du irgendeines dieser vielfältigen Themen zu deiner höheren Macht erklärst, dann wirst du ihm dienen, denn so sind wir tief in uns angelegt. Wir dienen immer einer höheren Macht, wir können gar nicht anders, und letztlich dienen wir entweder der Angst oder der Liebe.

Wenn uns keine bessere Höhere Macht gegeben wird, dann dienen wir eben unserem Ego, dem Sex, dem Geld, wir dienen unserer Angst, nicht geliebt zu werden, nicht gut genug zu sein und so weiter. Und in Beziehungen dienen wir der Angst, verlassen zu werden, beschämt und ausgelacht zu werden, wir dienen unserer tiefen Sehnsucht nach Liebe, nach Nähe, nach Zärtlichkeit und nach Verständnis.

Wir wollen geliebt und gesehen werden, wir wollen alle das gleiche, wir wollen uns eins mit dem anderen fühlen und die scheinbar tiefe Trennung zwischen uns überwinden und aufheben. Dazu haben wir uns die verrücktesten Methoden ausgedacht. Wir kontrollieren den anderen, wir halten ihn fest, wir verbiegen uns selbst bis zur Unkenntlichkeit, um den anderen zu halten (was letztlich wieder nur Kontrolle ist). Wir machen es dem anderen recht, unterdrücken unsere Bedürfnisse und Wünsche, zeigen uns nicht, wie wir sind, um den anderen nicht zu verlieren. Wir mißbrauchen uns und andere, um unsere Macht zu spüren (bzw. die Ohnmacht nicht zu spüren), die nichts ist als ein Mittel, den anderen bei uns zu behalten.

Sogar wenn du jemanden tötest, dienst du damit deinem Wunsch, nicht allein zu sein, die Kontrolle über einen anderen zu haben und ihn unwiderruflich an dich zu ketten.

Du erkennst nun vielleicht schon ein bißchen, welchem Herrn (oder welcher Dame) du dienst. Wie sieht er aus? Wie heißt er? Sind es mehrere?

Was ist dein Gott, was ist deine Höhere Macht, woran glaubst du? Welcher Idee unterwirfst du dich und deine Träume?

Willst du Bestrafung vermeiden? Ist dein Gott herrschsüchtig, allwissend und streng? Ist er an Vielfalt und Liebe interessiert, oder schaut er dir ins Schlafzimmer? Ist er prüde, ein rachsüchtiger, strenger alter Mann, der auf seiner Wolke sitzt und dir auf die Finger schaut? Das hört sich weit hergeholt an, ist es aber nicht – schau mal genau hin! Was mußt du tun, um deinen Gott so sehr zu verärgern, daß er sich von dir abwendet? Wenn du diese Frage zuläßt, lernst du eine Menge über die Beschaffenheit deines persönlichen Gottes (und über dein Elternhaus).

Ich erlaube mir jetzt, sehr deutlich zu werden:
Wenn dein Gott oder deine Göttin nicht reine Liebe sind

und sie nicht das allerhöchste Wohl des ganzen Planeten, der ganzen Schöpfung und damit auch dein eigenes Wohl im Sinne haben, wenn dein Gott kleine rosa
Blümchen albern findet,
obwohl er sie selbst ge-
schaffen hat, wenn er Sex   *Welchem Herrn dienst du?*
für Sünde hält, wenn dein
Gott also dazu dient, dei-
ne Liebe, Kraft und Lebendigkeit nicht zu leben, dann
tritt ihn in die Tonne, denn da gehört er hin! Dann ist
er nicht Gott, dann ist er nicht die allumfassende göttliche Liebe, die wir brauchen, um auf diesem Planeten
in Liebe, Leichtigkeit und Fülle zu leben. Schau dich
doch bitte nur einmal in der Natur um, oder hör den
Wissenschaftlern zu, wenn sie fasziniert über die voll-
kommenen Zusammenhänge der Schöpfung reden. Es
ist absurd, zu glauben, daß eine höhere Kraft, die sich
durch diese Schönheit und Großartigkeit ausdrückt, ein
Interesse daran haben könnte, daß du »brav« bist oder
deine Gefühle unterdrückst. Jesus und andere echte Meister würden das nie zulassen, im Gegenteil. Jeder, der
dir zu sagen versucht, wie du zu sein hast, jeder, der
will, daß du deine Lebendigkeit nicht zuläßt, hat ein
egoistisches Interesse an deiner Kraft und liebt dich
nicht wahrhaftig.

Nein, wir können nicht miteinander über Gott diskutieren, auch wenn du es vielleicht gern tätest. Auf der Ebene, auf der wir diskutieren, spüren wir die göttliche Kraft nicht. Die göttliche Kraft zu spüren ist ein ganzheitliches, umfassendes Erlebnis, und es erfordert genau das Gegenteil von Diskutieren. Es erfordert Zulassen und Loslassen.

Das Loslassen lernen wir noch. Heute entscheiden wir, daß wir alles dafür tun werden, eine liebevolle, göttliche, höhere Kraft für unser Leben zu finden. Eine Kraft, die an ihrer eigenen Schöpfung im höchsten Maße interessiert ist, eine Kraft, die sich auch um Kleinigkeiten kümmert und die da ist, wenn wir sie um Hilfe bitten.

> *Die göttliche Kraft zu spüren, erfordert Zulassen und Loslassen.*

Immer dann, wenn wir nicht weiterwissen oder spüren, daß wir in alte, lieblose Verhaltensmuster fallen, dürfen wir diese Kraft bitten, uns den Weg zu zeigen. Wir brauchen einen zweckorientierten Gott, eine göttliche Macht, die Bescheid weiß über Alltagssituationen und die auch dann ansprechbar ist, wenn wir uns im Badezimmer befinden und die Zähne noch nicht geputzt haben und uns aufregen, daß die Tube schon wieder über Nacht offen war.

Hier in diesem zweiten Schritt beginnen wir, eine liebende, göttliche Kraft für möglich zu halten. Wir verabschieden uns von der höheren Macht, die wir die ganze
Zeit benutzt haben, um uns selbst und unsere Lebendigkeit in Schach zu halten.

Wenn du tatsächlich bereit bist, eine liebende, höchst
lebendige Kraft zuzulassen, dann hören die Entschuldigungen dafür auf, daß du dein Leben nicht leben kannst.
Das ist dir klar, oder? Wir schieben so gern das Finanzamt, die Kirche oder die Gesellschaft, sogar die Hölle und
das Himmelreich vor, um unsere Träume nicht verwirklichen zu müssen. Lebendig zu sein erscheint uns anstrengender, als erschlagen im Sessel zu sitzen und noch
eine Talk-Show zu schauen.

Dieser Schritt wird in den 12-Schritte-Gruppen meiner Erfahrung nach oft nicht so richtig ernst genommen.
Aber er ist die Basis. Wenn dein Gott nicht liebevoll,
wahrhaft lebendig und voller Lebenslust ist, dann bremst
du dich selbst aus. Dann kannst du ihm nicht vertrauen, dann wirst du dich nicht auf dich selbst, auf deine
tiefe Wahrheit einlassen können. Außerdem ist er dann
schlicht nicht die wahre göttliche Kraft, sondern wieder
ein Konstrukt, das dir dabei hilft, dich aus lauter Angst
vor deiner eigenen Lebendigkeit zu kontrollieren.

Es spielt überhaupt keine Rolle, welches Bild du dir
von deiner höheren Macht machst. Ja, wir sollen uns kein

Bild von Gott schaffen, das steht in den Zehn Geboten, und ist sehr sinnvoll. Aber wir tun es ja trotzdem. Solange wir noch nicht in der Lage sind, die göttliche Kraft ungefiltert und ohne jedes Bild zuzulassen und wahrzunehmen, brauchen wir nun einmal etwas, woran wir uns festhalten können.

Erfahrene Mystiker wissen und spüren die göttliche Liebe in allem, was ist, aber dieses Buch ist für dich. Ich gehe zunächst einmal nicht davon aus, daß du bislang sehr viel Zeit damit verbracht hast, deine inneren Kanäle zu reinigen und vorzubereiten. Sicher verbringst du deine Zeit, wie fast alle von uns, im Büro und nicht meditierend im Lotussitz.

Also mach dir ein Bild, aber wähle es sorgfältig aus. Ob das ein Delphin ist, der dich mit seiner lebendigen Kraft an die Einheit mit allem erinnert, ob du dir die Statue einer liebevollen Göttin, eines Gottes oder eines – bitte nicht allzu sehr leidenden – Jesus hinstellst, ist gleichgültig. Maria, Buddha, Lilith, ein Engel – alles, was dir Kraft und das Gefühl von Liebe und Wärme gibt, ist wunderbar. Du brauchst eine Höhere Macht, an die du dich nicht nur wenden kannst, sondern der du auch vertraust, und deshalb darfst du sie dir persönlich aussuchen. Bestehe darauf, daß sich deine Höhere Macht wie Liebe anfühlt, wie ein weites, warmes, friedvolles Gefühl im Herzen. Sonst nutzt sie dir nichts.

Meditation:

Setze dich bequem hin und schließe die Augen. Atme ein paarmal tief durch, und bitte die göttliche Kraft, sich dir auf eine Weise zu zeigen, die du verstehen und spüren kannst. Und dann wundere dich bitte über gar nichts. Es kann sein, daß dir eine bestimmte Schauspielerin vor der Nase tanzt, eine Fee, ein Tier oder eine Comicfigur. Das ist der Weg der göttlichen Kraft, dich achtsam werden zu lassen, dir zu zeigen, welche Qualität du jetzt in deinem Leben brauchst. Vielleicht spürst du auch Licht oder Wärme und Liebe, laß einfach zu, was geschehen will, und geh davon aus, daß zunächst einmal alles in Ordnung ist.

Wenn du gar nichts spürst, dann wiederhole die Übung in den nächsten Tagen. Deine Kanäle werden sich nach und nach öffnen. Wenn du nichts spürst, dann nicht, weil »da nix ist«, sondern weil deine Telefonleitung noch nicht richtig angeschlossen ist. Mit etwas mehr Übung geht es bald besser.

»Das einzig Wichtige
im Leben sind die
Spuren von Liebe, die
wir hinterlassen, wenn
wir gehen.«

Albert Schweitzer

Der dritte Schritt

*Vertraue deiner neuen göttlichen Liebe alles an,
auch deine Beziehungen, deinen Sex und dein
Geld. Laß allen Eigenwillen los, und gib der
Liebe dein Leben in die Hände.*

Das wünschen wir uns zutiefst: endlich die Verantwortung abgeben zu können. Nicht wahr? Warum wohl sind Werbespots mit dem Satz »Leben Sie. Wir kümmern uns um den Rest« so erfolgreich? Und warum rufen sie sofort tiefes Mißtrauen in uns hervor? Sehnsucht gepaart mit Mißtrauen, das ergibt diesen perfekten Klammergriff, unter dem wir im Unglück verharren. Wir wollen loslassen, können aber nicht.

Natürlich nicht.

Wenn wir bislang unser Leben irgendeiner höheren Macht anvertraut haben, wurden wir immer enttäuscht, verletzt. Wir mußten Opfer bringen und durften nicht mehr so leben, wie es sich für uns gut anfühlte. Wir machten dauernd Fehler, waren nie gut genug, immer damit beschäftigt, diese Höhere Macht dazu zu bringen, sanft mit uns umzugehen. Und da wir unser Leben immer irgendeiner höheren Macht anvertraut haben, wollen wir vielleicht nichts sehnlicher, als es endlich in unsere eigenen Hände zu nehmen. Das sollen und dürfen wir auch.

Aber was sind unsere eigenen Hände? Du bist ein Teil der göttlichen Kraft. Wenn du dein Leben in deine Hände – in deine wahren Hände, nicht in die deiner Angst – nimmst, dann legst du es automatisch in jene der göttlichen Liebe.

Wenn du tief in dich hineinschaust, dann gibt es eine Sehnsucht in dir, die alles überstrahlt und dich letztlich durch alle Leben hindurch angetrieben und bei der Stange gehalten hat:

Wir wollen nach Hause – was immer das für uns bedeutet. Wir wollen zurück in die Einheit mit der Schöpfung, mit Gott, mit der Kraft der Natur. Wir wollen gar nicht unser eigenes Süppchen kochen. Wir sind zutiefst spirituelle und in die Naturkräfte eingebundene Wesen. Wenn wir auf den Grund unseres Herzens sehen, dann wollen wir unseren Anteil zur Schöpfung beitragen. Keiner von uns will in der Tiefe seiner Seele Geld scheffeln, Menschen ausbeuten, Kriege führen, andere manipulieren, Frauen, Kinder oder Drogen verkaufen. Niemand will wahllosen Sex, genauso wie die wenigsten wirklich ger-

> *Vertraue dieser neuen göttlichen Liebe alles an.*

ne auf Dauer allein leben wollen. Das ist immer nur Plan B. Wenn Plan A – in Liebe, Leichtigkeit und Freude auf diesem Planeten leben – aus irgendeinem Grund nicht funktioniert, tritt Plan B in Kraft. Aber wir wissen tief in uns, das ist nicht der Grund, weshalb wir auf die Erde gekommen sind.

Warum noch mal bist du hier?

Wolltest du Liebe verwirklichen? Den Himmel auf die Erde bringen? Ein paar alte Kreise vollenden? Endlich verstehen, worum sich dieser ganze Aufwand überhaupt dreht? Lernen, zu lieben, Beziehungen zu führen, alte Rechnungen begleichen, der Erde helfen, in eine höhere Dimension zu wechseln? Oder weißt du es nicht, bist eben einfach da?

Es spielt keine Rolle, wozu du hier bist, liebste Seele, weil wir uns im Kern alle aus dem gleichen Grund inkarniert haben:

Wir wollen uns das Schauspiel der Schöpfung nicht entgehen lassen. Wir wollen in der ersten Reihe sitzen, wenn wir zurückkehren zur ureigenen Schöpferkraft, wenn wir uns rückverbinden zu unserem eigenen Ursprung.

Wir sind auf der Erde, weil wir erschaffen wollen. Wir möchten unsere Ideen, Träume, Vorstellungen und Wünsche in die Tat, in die Materie, umsetzen. Wir möchten wissen, wie es ist, zu schöpfen, wie es ist, das Bild, das uns vorschwebt, tatsächlich zu malen, den Beruf, der uns interessiert, tatsächlich auszuüben. Wir wollen am eigenen Leib spüren, wie es ist, Kinder zu bekommen, den Tod zu erfahren, wir wollen das materielle Leben spüren, mit allen Sinnen und Gefühlen. Wir wollen unsere eigene Energie, das hohe spirituelle Wesen, das wir alle sind, auf die Erde, in die Materie, bringen. Wir wollen Engel auf Erden sein.

Das war der Stand der Dinge, bevor wir zur Erde kamen. Sind wir dann hier, erkennen wir enttäuscht, daß wir uns geirrt haben. Wir können unsere Vorstellungen nicht mehr aufrechterhalten. Unsere heiligen Konzepte, die wir, bevor wir zur Erde kamen, entworfen haben, funktionieren nicht. Es ist leicht, sich auszumalen, wie es ist, in Licht und Liebe zu leben, solange man keinen Körper hat, denn dann tut man es sowieso. Aber wenn man Hunger bekommt, friert, Verletzungen ertragen muß, verlassen wird, vergeht einem der innere Engel ganz schnell. Wir beginnen, zu re-agieren, wir verschließen uns, fangen nun unsererseits an, um uns zu schlagen, und erschaffen – statt Liebe und Freude – Leid und Angst.

Das Wundervolle daran ist, daß wir dennoch erschaffen. Zwar nicht das, was wir uns so großartig vorgenommen haben, aber wir bleiben Schöpfer unserer

Wirklichkeit, wir können gar nicht anders. Das ist das Wesen der materiellen Erde: Die Frequenzen zunächst hoch schwingender Energie (Schöpferkraft, die sich in Bewußtsein, in Ideen, Gedanken und Gefühlen ausdrückt) sinken immer tiefer, bis sie so langsam schwingen, daß wir sie als Materie wahrnehmen, als faßbare, sinnliche Erfahrungen. Unser irdisches Leben ist die stofflich gewordene Idee, die wir davon haben – jede Minute neu.

Wir sind auf der Erde, weil wir erschaffen wollen.

Verstehst du, was das bedeutet? Du brauchst nichts zu lernen, du erschaffst bereits deine eigene Wirklichkeit. Das ist dein Wesen, du kannst gar nicht anders, so, wie du keine Wahl hast, ob du atmest oder nicht. Wenn du das erkennst, dann hast du einen riesigen Schritt aus dem Opferbewußtsein getan, dann wirst du frei, ganz neu zu entscheiden.

Wie aber können wir nun lernen, andere Umstände und Dinge zu schöpfen, eine liebevolle Beziehung zum Beispiel?

Wir haben uns vorhin angeschaut, aus welchem Bewußtsein heraus wir bislang geschöpft haben, welchem Gott wir dienten.

Wenn du in Schritt zwei eine wahrhaft liebende, an ihrer Schöpfung interessierte höhere Kraft gefunden hast, dann möchtest du deine Schöpferkraft nun vielleicht bewußt in ihren Dienst stellen. Du kannst dein eigenes Bewußtsein loslassen und direkt aus dem Überbewußtsein, aus Gottes Plan heraus, schöpfen. Du löst also deinen Willen von allem, was du bisher festgehalten hast, und knüpfst ihn direkt an die Hotline zu Gott. Du unterstellst bewußt deinen Willen dem Willen der göttlichen Kraft.

Das geht natürlich nur dann, wenn du ihr wirklich vertraust. Wenn du weißt, daß deine göttliche Führung an deinen lebendigsten, vitalsten Möglichkeiten interessiert ist, wenn du weißt, daß sie will, daß du glücklich und erfüllt lebst, dann ist das kein sehr großer Schritt.

> *Laß dein eigenes Bewußtsein los und schöpfe direkt aus dem Überbewußtsein, aus Gottes Plan heraus.*

Auch hier gilt: Du lernst es, während du es tust. Du brauchst nicht erst vollkommen zu vertrauen, bis du deinen Willen in einem großartigen Ritual ein für allemal der göttlichen Kraft unterstellst. Du darfst es ausprobieren. Wenn du das nächste Mal in einer dieser festgefahrenen Gedankenschleifen oder Situationen mit deinem Partner steckst, dann halte eine Sekunde lang inne, und bitte die göttliche Kraft, in die Situation hineinzufließen.

Allein schon das Innehalten kann ein riesiger Kraftakt sein, denn du brichst bewußt aus den eingefahrenen Schuldzuweisungen, Opfertrips und was du dir sonst noch ausgedacht hast, aus. Du kapitulierst in einer Situation, in der du noch nie echte Schwäche gezeigt hast, noch nie zugegeben hast, daß deine Art, mit diesem Problem umzugehen, vielleicht nicht die ideale Lösung ist.

Gib alles ab, auch deine Gefühle, deine Überzeugungen und – das ist das Schwerste – deinen Glauben, im Recht zu sein. Vielleicht bist du es nicht, vielleicht irrst du dich. Vielleicht siehst du, sosehr du auch überzeugt bist, den Überblick zu behalten, doch nur eine Seite des Ganzen. Und vielleicht geht es auch einfach nicht darum, wer Recht hat und wer sich ändern muß. Geht es nicht vielmehr darum, zu lernen, Liebe fließen zu lassen, ganz gleich, wie eingefahren und aussichtslos eine Situation auch erscheint?

Denn möglicherweise täuschen wir uns und er will dich gar nicht kritisieren, wenn er sagt: »Die Butter steht nicht auf dem Tisch.«

(Und wenn du, falls du das liest, doch kritisieren willst, wenn du dich nicht genug gewürdigt oder umsorgt fühlst – warum sagst du es dann nicht einfach so, wie du es meinst, anstatt dich in kryptischen Floskeln zu ergehen?)

Vielleicht will er wirklich einfach nur die Butter. Das müssen wir lernen zu glauben. Meistens ist es tatsächlich so. Dann sagst du demnächst liebevoll: »Das stimmt, mein Schatz, ich habe sie vergessen, bist du so lieb und holst sie?« Oder du stehst selbst auf – je nachdem, wer von euch näher am Kühlschrank sitzt.

Und wenn sie dich fragt, wann du nach Hause kommst, dann meint sie vielleicht genau das, und nicht: »Du bist immer so lange weg und kümmerst dich nicht genug um mich.«

Wenn sie dieses Gefühl hat, dann wird sie es vielleicht direkt aussprechen, und wenn nicht, dann wird es Zeit für sie, das zu lernen, oder? Warum antwortest du ihr nicht einfach (z. B.: »Ich weiß es noch nicht, Liebste«) – ohne gleich Kontrolle zu unterstellen, in dem Bewußtsein, daß du dir Freiheit auf allen Ebenen erschaffen kannst?

Die Frage, warum wir uns so oft mißverstehen, ist keine rhetorische Frage, keine Falle. Darauf gibt es eine Antwort.

Wir verstehen uns nur deshalb nicht, weil wir nicht sagen, was wir wirklich meinen und fühlen. Wir verstehen unsere männlichen und weiblichen Verschlüsselungen nicht. In der Sprache des Herzens lassen wir das weg und reden Klartext. Wäre das nicht auch im Alltag viel einfacher? Dazu müßten wir natürlich unseren eigenen Klartext erst mal kennen …

> *Lerne, zu sagen, was du meinst.*

Zwischen unserer bewußten Wahrnehmung und dem, was wir tatsächlich meinen, steht der schier undurchdringliche Wust aus Verletzungen, Überzeugungen, Scham- und Schuldgefühlen und uralten Familiengeschichten. Das alles schauen wir uns im nächsten Schritt an.

Wenn Liebe, dieses kraftvolle, warme Gefühl, fließen darf, weitet sich dein Blick, und du erkennst, wo sich der Strom der Kraft im Moment befindet, wo der Weg weitergeht. Aber weil wir so oft Liebe mit allem möglichen verwechseln (z. B. mit Opfer bringen, jemanden zwangsretten, sich selbst zum Opfer machen), ist es sehr sinnvoll, zunächst die Quelle, aus der diese Liebe kommt, neu zu definieren. Und was bietet sich da besser an als die Liebe selbst, die göttliche Kraft?

Die göttliche Kraft wird niemals von dir verlangen, daß du dich aufopferst, Dinge tust, die dir zuwider sind, Dinge geschehen läßt, die du nicht willst. Sie wird dich allerdings auch nicht darin bestärken, den anderen von deinem Standpunkt zu überzeugen, ihn zu retten, zu verändern oder zu heilen – auch wenn du noch so gut zu wissen glaubst, was er braucht. Wenn er es nicht annimmt, dann ist es im Moment eben nicht das, was er braucht.

Wenn du der göttlichen Liebe erlaubst und sie bewußt darum bittest, durch dich zu wirken, dann trittst du innerlich einen Schritt zurück. Du erkennst das ganze Bild der Situation, dein Herz öffnet sich wieder, und du wirst bereit, dich auf vollkommen neue Lösungen einzulassen. Liebe ist äußerst kreativ, sie findet ihren Weg, wenn du es zuläßt. Darauf darfst du dich verlassen, und darauf darfst du bestehen.

Meditation:

Stelle dir vor, du trägst in dir – im Herzen oder auch an einer anderen Stelle, einen Kristall. Dieser Kristall hat alle Informationen gespeichert, die du über Beziehungen gesammelt hast, alle guten und alle schlechten. Er ist wie eine Computerfestplatte. Und er ist voll. Es wird Zeit, ihn loszulassen und auszutauschen. Dazu bittest du deinen Schutzengel oder eine andere Kraft, an die du dich normalerweise wendest, dich zu einer riesigen Bibliothek zu führen, in der du die Chronik, in der alles Wissen des Universums gespeichert wird, findest. (Ob es das gibt oder nicht, spielt keine Rolle, stelle es dir einfach nur vor.) Wenn du diese Bibliothek wahrnehmen kannst, dann erlaube dem Hüter des Wissens, deinen Kristall vorsichtig aus dir herauszunehmen.

Schau, was mit ihm geschieht, löst er sich in Lichtfunken auf? Wird er irgendwo aufbewahrt? Was geschieht mit all deinem Wissen? Es ist das Wissen, das nur du sammeln konntest, denn nur durch deine besondere Art, die Welt wahrzunehmen, konnten genau diese Dinge geschehen, die dich deine Erfahrungen machen ließen. Und genau deshalb bist du auch hier, damit dieses besondere Wissen durch dich nun dem kosmischen Wissensspeicher zugeführt werden kann. Du läßt den Kristall gern los, denn du weißt, die Erfahrungen haben dein Bewußtsein geformt und alles, was du davon brauchst, bleibt in deiner Aura gespeichert.

Nun reicht dir der Hüter der Bibliothek einen vollkommen neuen Kristall aus reiner göttlicher Liebe. Er bedankt sich bei dir für all die wichtigen Informationen, die du über Beziehungen und Liebe gesammelt hast, und verneigt sich vor all dem Leid, das du dafür auf dich genommen hast. Du setzt den neuen Kristall an die Stelle, an die er gehört. Du spürst ihn, wenn du ihn in der Hand hältst. Er trägt völlig neue Informationen über Liebe und Beziehungen, über Männer und Frauen, über das Leben selbst in sich. Vielleicht spürst du, wie ein farbiges oder weißes Licht durch deinen Körper strömt, bis in die Aura hinein, vielleicht spürst du auch Leichtigkeit – oder erst mal gar nichts.

Was willst du von nun an verwirklichen? Welche Erfahrungen willst du in diesem neuen Kristall speichern? Erfüllung? Liebe? Glück? Leichtigkeit? Finde die Wörter, die genau ausdrücken, was du verwirklichen willst. Vielleicht kannst du es auch als Gefühl, als Farbe, als Bewußtseinszustand wahrnehmen.

Wenn du möchtest, dann kannst du auch einfach »Dein Wille geschehe« sagen und dir dabei die göttliche Kraft vorstellen oder dich an sie wenden. Komm dann zurück, und wisse, daß nun Raum für vollkommen neue Erfahrungen in dir entstanden ist.

Du kannst die Kristalle natürlich auch in anderen Bereichen deines Lebens austauschen. Das ist eine sehr kraftvolle Technik, die die alten Kreise schließt und wirklich Raum schafft für etwas Neues in deinem Leben.

»Die Vernunft ist gut, aber besser ist die Liebe, die uns der Vernunft entreißt. Es kommt nicht darauf an, viel zu denken, sondern viel zu lieben.«

Teresa von Avila

Der vierte Schritt

Behutsam schauen wir uns nun unsere Beziehungen genauer an. Wir erlauben uns nach und nach, die Muster zu erkennen, die uns von Liebe und Glück trennen, und erkennen, welche Dinge wir mit Liebe verwechseln.

Der vierte Schritt ist ursprünglich eine ziemlich drastische Inventur. Es geht dabei um Selbsterkenntnis, darum hinzuschauen, wo du anderen und dir selbst geschadet hast. Außerdem geht es darum, die eigene Wahrnehmung zu schärfen, die Augen dafür zu öffnen, wie schlimm die eigene Lage tatsächlich ist, denn Süchtige neigen mehr als alle anderen Menschen dazu, zu verschleiern und zu verharmlosen.

Das haben wir in unserem Falle nicht nötig. Wir wissen, wie weh unser Herz tut, wir kennen unsere Sehnsucht. Wir brauchen keine Schleier von unseren gebrochenen Herzen zu ziehen.

In diesem Schritt gehen wir so sanft mit uns um, wie das nur möglich ist. Denn hier kümmern wir uns um den verletzlichsten Teil unseres Selbst.

Wenn wir im dritten Schritt unseren Kristall ausgetauscht, unser Leben dem Willen und der Sorge Gottes, wie wir ihn verstehen, anvertraut haben, wird das möglich.

Warum soll ich mir das noch anschauen, fragst du vielleicht, habe ich nicht gerade eben den Kristall weggegeben?

In diesen alten Strukturen liegt dein seelischer Weg verborgen. Schaust du dir die Umstände deiner Beziehungen an, kannst du Rückschlüsse auf den ursprünglichen Plan ziehen. Denn nur, wenn du deinen ursprünglichen Seelenplan kennst, bist du in der Lage, ihn von nun an direkt und bewußt zu verwirklichen.

Erkenne die Dinge, die du mit Liebe verwechselst.

Wo begegnest du immer wieder dem gleichen Problem? Anscheinend liegt hier eine wichtige Aufgabe verborgen, sonst würdest du nicht stets von neuem die gleiche Situation erschaffen. Vielleicht ist das Problem gar nicht einmal dein eigenes, sondern ein aus der Familie übernommenes? Dann gehört vielleicht das Loslassen dieser Aufgabe zu deinem Seelenplan.

Es geht in diesem Schritt auf keinen Fall um irgendeine Art des Urteilens. Wenn du dazu neigst, deinen Partner immer wieder zu betrügen, dann zeigt das nichts als die fehlende Verbundenheit mit deinen eigenen Energiezonen. Sex und Liebe gleichzeitig sind für dich vielleicht nicht möglich, weil dich das zu sehr mit Nähe konfrontiert, also suchst du dir jemanden, mit dem du nur das eine oder das andere leben kannst. Vielleicht hast du auch eine Suchtstruktur entwickelt, kannst ohne diesen sexuellen Kick oder die sexuelle Bestätigung nicht mehr sein, weil das die einzige Art ist, wie du Lebendigkeit überhaupt noch spürst. Oder du bist vielleicht an einen Mann gebunden, den du »zu sehr liebst«, obwohl du nicht erfüllt und glücklich bist. Auch das kann eine Sucht sein. Du rennst hinter ihm her, damit er deine alten Vater- oder Mutterwunden heilt, anstatt dir zu erlauben, den alten Schmerz zu fühlen, und dich ab sofort von echter Liebe erfüllen zu lassen.

Wenn du es nie lange in einer Beziehung aushältst oder nach kurzer Zeit zu klammern beginnst, dann zeigt das den Zustand deines Energiesystems, weiter nichts. Damit wir in diesen Bereichen bewußt um Heilung bitten können, müssen wir sie erst einmal erkennen und zulassen, ohne uns dafür zu verurteilen.

Das ist die Feinarbeit, die wir leisten können, um wirklich frei zu werden. Wenn wir unseren inneren Kristall ausgetauscht haben, erfahren wir nach und nach Heilung und Neuorientierung, auch wenn wir nicht bewußt darum bitten. Aber dann bekommen wir es wieder nicht mit, wir tappen vielleicht doch wieder in die alten Fallen, weil wir sie gar nicht erkennen. Wir erschaffen uns unbewußt in bestimmten Bereichen doch wieder die alten Strukturen, ohne es zu bemerken. Wir haben noch immer nicht unseren Schöpferplan in der Hand.

Verstehst du, es ergibt keinen Sinn, wenn wir Liebe und Freiheit schaffen wollen, aber so festgefahren sind in unserer Angst, verlassen zu werden, daß wir diese als völlig normal empfinden. Wenn wir Liebe mit Gefühlsdrama verwechseln, dann können wir die wahre Liebe nicht verwirklichen, weil wir sie überhaupt nicht bemerken. Denn das, was du vordergründig willst, hat meistens nur sehr wenig mit dem zu tun, was uns auf der Seele brennt. Probiere es einmal aus, schreib ganz spontan auf, was du von einer Beziehung willst und wie dein Partner sein soll.

Lies bitte dann erst weiter.

Und nun nimm ein neues Blatt und schreibe folgenden Satz auf:

> *»In Wahrheit möchte ich nichts sehnlicher*
> *als in erfüllter Liebe leben.«*

(Wie fühlt sich das an? Stimmt es?)

Was immer das auch heißt. Wir kennen es noch nicht, deshalb verrenken wir uns das Gehirn, um Pläne davon zu erschaffen, woran wir merken würden, daß wir das Ziel erreicht haben. Deine persönlichen Vorstellungen davon kannst du auf dem ersten Blatt nachlesen.

Weißt du, wie du spüren kannst, daß du das Ziel erreicht hast? Wo du die Liebe wirklich spürst? In deinem Herzen!

Wenn es sich nicht wie Liebe anfühlt, ist es meistens auch keine. Wenn du Liebe spürst, wird dein Herz warm und weit. Es tut nicht weh, es regt dich nicht auf, es erfüllt dich auch nicht mit tiefer Sehnsucht. Es öffnet sich einfach.

Wenn du Liebe spürst, wird dein Herz warm und weit.

Alle anderen Gefühle sind Begleiterscheinungen von Liebe, aber sie können auch ohne Liebe auftauchen, du brauchst nur jemanden genug zu begehren. Wenn sie nicht auftreten, ist es dennoch Liebe, wenn das Herz weit wird. Für viele von uns hört sich das langweilig an. Was? Das soll Liebe sein? Wir erschaffen uns lieber Dramen, weil wir glauben, je mehr wir fühlen, je mehr unsere Emotionen um sich schlagen, desto lebendiger sind wir. Wenn wir wahrhaft lieben wollen, müssen wir lernen, auf diese Dramen zu verzichten.

Denn Sehnsucht ist nichts als das, was sie aussagt: die Sucht, sich zu sehnen, die Sucht, nicht erfüllt zu sein, sondern auf rosa Wolken zu schweben und die Beziehung lieber nicht den irdischen Gesetzen von Zeit und Raum zu unterwerfen.

Der innere Kristall aus dem vorangegangenen Schritt wird ausgetauscht, gleichgültig, ob du das bildlich oder im energetischen Sinne wahrnimmst. Aber wenn du in bestimmten Bereichen gar nicht der Meinung bist, daß du Engstellen in dir hast, dann wirst du dir diese Energie wieder schaffen, einfach weil du glaubst, das müsse so sein.

Also schauen wir uns unsere Glaubens- und Gefühlssysteme an, die Bereiche, in denen wir nicht aus Liebe, sondern aus Angst (oder weil wir keinen anderen Weg fanden, Liebe zu leben und auszudrücken) handeln und gehandelt haben.

Auch schmerzliche Erfahrungen gehören zum Prozeß. Laß sie zu, auch wenn es weh tut.

Vorsicht, das tut weh. Außerdem wollen wir es gar nicht so richtig sehen, denn hier sitzen auch die Scham und die Schuld. Sie sind nicht nötig, denn es geht nur um Erfahrungen. Oder sagen wir besser, sie sind ein Teil der Erfahrungen, kein Hinderungsgrund, sich die alten Programme nicht anzusehen.

Wir haben manchmal ein so verzerrtes Selbstbild, daß wir uns selbst nicht ertragen würden, wenn wir erken-

nen würden, wie wir uns oft verhalten. Wir sind so zu-
geschüttet mit Moralvorstellungen, Vorstellungen von der
Gesellschaft und Gott, daß wir uns fast nicht erlauben
können, Stück für Stück die Masken abzunehmen. Wenn
es um Liebe oder gar um Sexualität geht, kommen wir
zudem in die am meisten verletzten und mißbrauchten
Bereiche unseres Körpers und unserer Gefühle.

Deshalb ist Schritt zwei so unendlich wichtig. Bitte
deine liebende, gütige, vergebende Höhere Macht, dir zur
Seite zu stehen, und nimm dir etwas zu schreiben. Ja,
liebe Seele, bitte jetzt. Wenn du es jetzt nicht tust, dann
vielleicht gar nicht, denn jetzt, in diesem Moment, erkennst du am ehesten die Notwendigkeit. Wenn du das
Buch später zur Seite legst, werden wahrscheinlich deine alten Systeme von Schuld und Scham diese Klarheit
zu vernebeln beginnen.

Beginne vielleicht mit den Bereichen, in denen du
unzufrieden bist. Damit, wo du dich nicht so sehr
schämst oder Schuld empfindest, sondern wo du ziemlich leicht hinschauen kannst. Also, was läuft in deiner
Beziehung nicht so, wie du es dir wünschst? Dazu gehört natürlich auch, daß du vielleicht gar keine hast.

Und jetzt schreibe bitte so ehrlich wie möglich auf,
warum das so sein könnte. Damit meine ich, was du
dazu beiträgst, damit es so läuft. Es ist gerade in Beziehungen so leicht, dem anderen die Verantwortung in die

Schuhe zu schieben, der Gesellschaft, den Männern, den Frauen, wem auch immer. Das nutzt uns hier aber nichts, und es ist eben auch nicht die Wahrheit.

Es sind immer unsere eigenen Energiesysteme, die die Ereignisse im Außen anziehen. Wenn wir das nicht wahrhaben wollen, bleiben wir im Opfersein gefangen. Also schauen wir uns in diesem Schritt unsere Energiesysteme an, von außen nach innen, von den äußeren Umständen hinein in unsere Gedanken, Gefühle und in unsere Verletzungen.

Bei diesem Schritt geht es darum, zu erkennen, auf welche Weise wir Liebe in unserem Leben verhindern, womit wir sie eventuell verwechseln und wozu das dient. Wo wir also selbst unserer Erfüllung im Weg stehen. Dazu ist es sinnvoll, zu schauen, welchen Gewinn wir daraus ziehen, nicht geliebt zu werden und nicht zu lieben, auch wenn uns das vielleicht absurd erscheint.

Wir verhindern Erfüllung immer dann, wenn wir glauben, der Preis wäre zu hoch oder sie wäre sowieso nicht erreichbar. Wenn wir also nicht in erfüllter Liebe leben, sondern diesen Energiefluß auf irgendeine Weise verpassen, dann ist das eine aktive Schöpfung aus unserem Unbewußten und für uns im Augenblick sinnvoll.Wenn wir das ändern wollen, dann müssen wir wissen, welchen scheinbaren oder realen Gewinn wir aus diesem Mangel ziehen, wovor er uns schützt, was wir deshalb nicht zu spüren und zuzulassen brauchen.

(Vorsicht: Das heißt nicht unbedingt, daß sich unser Partner ändert, wenn wir unser Energiesystem reinigen. Das heißt aber, daß wir es leid werden, wenn die alten Strukturen immer und immer wieder wirken. Irgendwann gehen wir einfach, ohne großes Spektakel. Das

Finde heraus, auf welche Weise du Liebe in deinem Leben verhinderst.

sind die Momente, in denen wir die Nase endgültig voll haben, ohne jedes Drama, wir spüren, diese Beziehungsstruktur ist zu klein geworden, und wir befreien uns aus ihr. Klar, dann fühlen wir uns für eine Weile recht nackt, aber alles wird dann besser sein als die alte, zu enge Hülle. Mehr dazu bei den nächsten Schritten.)

Manchmal sind wir auch schlicht falsch informiert. Wir glauben, es gäbe einen Mangel an Liebe, aber das stimmt nicht. Wenn wir darauf bestehen, an das Bewußtsein von Fülle und Erfüllung angeschlossen zu werden, dann erkennen wir über kurz oder lang, daß Liebe schon immer da war, vielleicht nur an einer anderen Stelle. Wenn wir eigensinnig auf die Form bestehen, in der sie daherkommen soll, dann verpassen wir sie vielleicht wirklich. Also schauen wir uns bei diesem Schritt alles an, was uns daran hindern könnte, Liebe zu leben und zu erkennen.

Du könntest beginnen, indem du den folgenden Satz vollendest, immer wieder, so lange, bis du dir auf die Spur kommst.:

Für mich ist Liebe ....

....

Für mich ist Liebe ....

....

(Was? Leid? Nicht da? Glückseligkeit? Zu kompliziert? Ein steter Strom von Fülle?)

Für mich ist Liebe ....

....

Und nun das gleiche mir diesem Satz:

Wenn ich Liebe zulasse, dann ....

....

(Werde ich verletzbar? Liefere ich mich aus? Kann ich wieder enttäuscht werden? Bin ich tief erfüllt und glücklich? Bin ich im Fluß mit dem Leben selbst?)

Verstehst du das Prinzip?

Versuche es einmal damit:
Ich verhindere Liebe, indem ich ....
....

(Indem du was? Schreib den Satz immer wieder auf, und
laß einfach alles zu, was kommt. Das führt dich tiefer
hinein in deine Wahrheit, als wenn du stundenlang darüber nachdenkst.)

Ich verhindere Liebe, indem ich ....
....

(Zu feste Vorstellungen habe? Mich nicht öffne? Mich
nicht einlasse? Nie den Richtigen zu treffen glaube? An
jedem herummeckere?)

Nun kommt ein wichtiger Satz, der dir zunächst vielleicht fremd erscheint, doch arbeite bitte dennoch mit
ihm:

Wenn ich nicht in Liebe lebe, diene ich ....
....

(Wem hältst du die Treue, indem du dir nicht erlaubst,

in erfüllten Beziehungen zu leben? Deiner Mutter, die von ihrem Mann verlassen wurde? Deiner Schwester, die es auch nicht tut? Deiner Tante, deren Mann starb? Deiner Exfrau, an die dich noch immer ein riesiges Schuldgefühl kettet? Vielleicht weißt du es nicht, spürst aber, daß du jemandem dienst. Dann, bitte, mache eine Familienaufstellung, es gibt im Moment kaum eine Technik, die tiefgreifender und effektiver wirkt.)

Wenn ich nicht in Liebe lebe, diene ich ....
....

(Deiner Angst? Der Nonne oder dem Mönch in dir?)

Alles, was wir tun oder nicht tun, hat einen zwingenden inneren Sinn. Wenn wir den nicht erkennen, können wir nicht weitergehen.

Also, wie verhinderst du Liebe und Erfüllung, und wozu?

Es kann auch sein, daß du so kritisch, ängstlich oder anspruchsvoll geworden bist, daß du jede Form von Liebe im Keim erstickst. Wir halten unsere hohen Ansprüche vielleicht für ein Zeichen von Selbstwertgefühl, aber sie sind letztlich auch eine Art Bollwerk gegen Liebe.

Es gibt nur ein Kriterium, an dem du bemerkst, daß

jemand gut für dich ist, und das ist dieses warme, vertraute Gefühl im Herzen, das auch wachsamem Hinschauen standhält. Wenn du das vertraute Gefühl nur
deshalb hast, weil du alle inneren Warnleuchten ausblen-
dest, taugt es nichts. Wenn du es aber spürst und dir aus-
redest, verpaßt du womöglich eine Chance auf echte Nähe.

Liebe erfordert die
Bereitschaft, sich einzu-
lassen und immer wie-
der neue Lösungen und
Wege zu finden, in al-
ler Achtsamkeit, Wach-
samkeit und unter in-

> *Liebe erfordert die Bereitschaft,
> sich einzulassen und immer
> wieder neue Lösungen und
> Wege zu finden.*

nerer Führung. Gerade die Wachsamkeit ist ein wichtiges, allzu selten genutztes Werkzeug. Wir sollen ja nicht
mißtrauisch und ängstlich durch die Welt laufen und an
jeder Ecke Betrug wittern. Aber wenn uns unsere inneren Antennen warnen, ist es ziemlich klug, ihrer War-
nung zu folgen.

Wenn du spürst, etwas stimmt nicht, dann ist es auch
meistens so, auch wenn der andere es noch so sehr leug-
net. Dann frage dich, wozu das in deinem Leben passiert,
wozu könnte es dienen, belogen zu werden, was kannst
du daraus lernen? Vielleicht passiert es, damit du lernst,
deinen Wahrnehmungen zu vertrauen, vielleicht um zu
mehr Offenheit und Tiefe geführt zu werden. Wo belügst

du dich selbst? Wo spürst du schon lange, daß die Energie nicht mehr frei fließt? Was willst du selbst nicht wahrhaben?

Wenn wir auf eine neue Ebene der Klarheit und Wahrhaftigkeit gehen, verschwinden nach und nach die Menschen aus unserem Leben, die uns anlügen, weil diese Energie auf der neuen Ebene einfach keine Nahrung mehr bekommt. Die Frequenzen passen nicht mehr zueinander. Aber dazu brauchen wir das Werkzeug des Wahrhabenwollens und des Selbstvertrauens (deinem Selbst vertrauen). Wenn wir unseren eigenen Wahrnehmungen nicht trauen oder sie beiseite schieben, schaffen wir den Sprung auf die Ebene der Aufrichtigkeit nicht, weil wir unsere Werkzeuge nicht nutzen.

Auf der Ebene der erfüllten Liebe, der Leichtigkeit und Aufrichtigkeit brauchen wir das innere Schwert der Klarheit, auch uns selbst gegenüber. In diesem Schritt schmiedest du es.

Kommen wir nun zum körperlichen Ausdruck von Liebe, zum Sex.

Wozu dient es, wenn du verhinderst, sexuell erfüllt zu sein? Und wie genau machst du das? Welche äußeren Strukturen hast du dir geschaffen, um keinen oder unerfüllten Sex leben zu müssen? Bist du der Meinung, deine Sexualität sei es überhaupt wert, gelebt zu werden? Mit dieser Kraft ist es wie mit der emotionalen Liebe. Wir müssen uns ihrer würdig erweisen, sonst fließt sie nicht. Wie zur Liebe brauchst du ungeheuren Mut, um dich deiner Sexualität hinzugeben.

Wenn wir uns tatsächlich öffnen und diese Kraft in unserem Leben nach und nach zulassen, sprengt sie alle falschen, überholten Überzeugungen und Moralvorstellungen. Übrig bleibt reines Fließen, dem wir nachgeben können oder nicht, so, wie wir

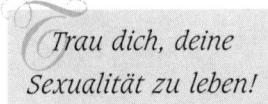

Trau dich, deine Sexualität zu leben!

es vom Herzen her für richtig halten. Das können wir überhaupt nur dann ertragen und zulassen, wenn wir ganz sicher sein können, daß unsere Sexualität unserem Herzen verpflichtet ist, nicht unserer Angst oder anderen Energien. Gerade unsere sexuelle Kraft hat zu lange dazu gedient, andere zu unterwerfen oder an uns zu ketten, als daß wir ihr noch vertrauen könnten. Wir haben sie unterdrückt, mit dem von außen verordneten Zölibat leichtfertig den Eintritt ins Himmelreich bezahlt, als wollten wir beweisen, wir gut wir Lebendigkeit verhindern können. Gott weiß es jetzt, und nein, wir bekommen leider keinen Orden dafür.

(Ich betrachte das Zölibat, zumindest für eine Weile, als sehr sinnvoll, vielleicht sogar als unerläßlich, wenn man einen bestimmten Bewußtseinszustand oder eine bestimmte Art der Heilung erlangen will. Aber im echten, ehrlichen Zölibat geht es um ein zutiefst freiwilliges und erleichterndes Loslassen, nicht um Verzicht und Opfer.)

Wir verachten Menschen, die sich frei ihrer sexuellen Kraft hingeben, dabei schüttelt es uns in Wirklichkeit nur vor Angst. Wir wissen, daß die alten Treueverträge null und nichtig sind, wenn wir erst beginnen, diese Kraft

Sex ohne Liebe macht süchtig.

zuzulassen. Wir wissen, daß es dann um eine ganz andere Art von Treue geht. Der Treue dem eigenen Herzen gegenüber, unsere innere Verpflichtung gegenüber der göttlichen Kraft selbst.

In fast keinem Lebensbereich ist die Suchtgefahr so groß wie beim Sex. Gerade weil wir unsere Energie nie ganz zulassen, immer ein bißchen unterernährt sind, keinen oder nur leeren Sex leben, ohne Herz, ohne innere Wachheit, werden wir süchtig wie nach reinem Dope. Herzloser Sex ist das Crack unter den Energien, die wir uns gegenseitig andrehen können. Wir werden sofort abhängig, wenn wir mit jemandem schlafen, der nicht präsent ist, weil der Sex uns nicht wirklich nährt, sondern Sehnsucht und Hunger nach dem weckt, was sein könnte.

Das ist, als wärst du am Verdursten und kämst auf die glorreiche Idee, Salzwasser zu trinken. Wenn nichts anderes da ist, trinkst du es über kurz oder lang, auch wenn du genau weißt, es wird dich umbringen.

Im Moment macht es den Eindruck, als hätten wir nur die Wahl zwischen Salzwasser oder gar nichts. Aber sobald wir unsere sexuelle Kraft bewußt an unsere Herzen binden, wird sie gereinigt und geläutert. Dann wird sie zu dem lebenspendenden Brunnen, als der sie ursprünglich gedacht war.

Dazu braucht man jede Menge Mut und Ehrlichkeit. Wir müssen uns anschauen, auf welche Weise wir selbst als Salzwasser oder Crack für andere dienen, wie süchtig wir bereits geworden sind und auf welche Weise wir uns völlig verschließen.

Das tut wirklich weh, und wir fühlen uns vielleicht eine Zeitlang, als seien wir durch und durch süchtig und verletzt, wir schämen uns zu Tode oder weisen jede Art von Sucht weit, weit von uns. Erlaube dir das, aber sei versichert, wenn du diese Schritte gehst, wird sich das ändern, du wirst genesen.

Du erinnerst dich, das ist das 12-Schritte-Programm der Anonymen Alkoholiker. Sie sind erprobt, sie führen dich aus der Sucht heraus, wenn du sie gehst, aus jeder, auch aus der Sex- oder Liebessucht. Das sind leider nicht »die anderen«, die mit jedem schlafen, das sind wir selbst, wenn wir nicht loslassen können, obwohl wir spüren, dieser Mann, diese Frau ist nicht gut für mich. Wir hängen fest wie eine Spinne im Netz. Das Netz ist unser eigenes, unser Mangel, den wir nicht spüren wollen.

Es gibt allerdings auch eine Sex- und Liebes-Magersucht. Wenn du dir nie erlaubst, dich zu öffnen, und aus lauter Angst, wieder verletzt zu werden, jeden lebendigen Austausch verhinderst oder viel zu starre Strukturen und Absicherungen brauchst, dann kann auch das zu einer Falle werden, aus der du nicht mehr so leicht herausfindest.

Falls du nun diese Stimme in dir hast, die mir »Aber wir können doch nicht wahllos schlafen, mit wem wir wollen« entgegenschleudern möchte, gestatte mir, dir darauf zu antworten:

Nein, können wir nicht. Aber das wollen wir ja auch gar nicht. Das ist ja nur ein Ausdruck von Mangel: Nimm, was du kriegen kannst.

Im Gegenteil: Wenn du beginnst, deine sexuelle Kraft zu läutern und an dein Herz anzuschließen, wendest du dich ganz schnell gelangweilt ab, wenn du spürst, der andere ist nicht wirklich präsent. Du wirst überhaupt nie wieder mit jemandem schlafen wollen, der dich nicht liebt, der zumindest in diesem Moment nicht in aufrichtiger und achtsamer Liebe mit dir verbunden ist.

Wenn du langfristige Verbindungen eingehst und deinem Herzen verpflichtet bleibst, dann wirst du immer wieder dafür sorgen, daß die Energie zwischen euch frei fließen kann, und damit fließt auch die sexuelle Kraft.

Und wer weiß? Vielleicht, wenn wir tatsächlich lernen, für uns selbst zu sorgen, ist es irgendwann kein Drama mehr, auch die sexuelle Energie etwas großzügiger zu teilen, so, wie wir es mit Gesprächen, Fürsorge, Verständnis, Umarmungen und Lebensfreude bereits tun? Es geht um Freiheit, nicht um Konzepte, um die Freiheit, selbst zu entscheiden, welche Kraft du mit wem zulassen willst. Im Moment scheinen wir nur die völlig haltlose oder viel zu eng eingeschnürte Variante zu kennen, als gäbe es keinen natürlichen, liebevollen und letztlich für alle stimmigen Fluß.

Also. Um es mit einem Filmtitel auszudrücken »Zur Sache, Schätzchen!«:

Für mich ist Sex: ....

....

....

(Trau dich. Gefährlich? Ein Suchtmittel? Schmutzig? Wunderschön? Voller Angst? Voller Scham? Ein Ausdruck deiner Lebendigkeit? Ein Thema, das du gar nicht ansehen willst?)

Es ist besser, keinen Sex zu haben, weil ....

....

....

(Du dann nicht verletzt wirst? Es sicherer ist? Sex viel
zu anstrengend ist? Du sowieso nicht schön genug bist?
Sag den Satz immer wieder vor dich hin, und laß alles
aus dir fließen, was kommt. Es ist manchmal sinnvoller, den Satz laut zu sagen, als ihn nur zu schreiben. Wenn
du ihn nur schreibst, hat dein Kopf viel zuviel Zeit um
zu kontrollieren. Sag ihn laut.)

Es ist für mich besser, keinen Sex zu haben, weil ..

....

....

Und:

Wenn ich ja sage, zu meiner Sexualität, dann ......

....

....

(Dann hast du Kraft? Dann vermißt du Sex mit jeder Faser
deines Körpers? Dann fühlst du dich stark und selbstsicher?)

Du kannst es nicht wissen, und du kannst es nicht
im Kopf lösen, denn hier geht es um unbewußte und gerade deshalb äußerst wirksame Energiestrukturen in dir.
Weiter.

Ich mißbrauche meine Sexualität, indem ich ……..

……………………………………………………………

(Sie nicht lebe? Sie als Waffe einsetze, um Liebe zu bekommen? Sie als Lockmittel nutze? Sie gegen meinen Willen lebe, um geliebt zu werden? Sie als Ersatz für Liebe oder Nähe benutze?)

Du weißt, daß wir Frauen aufhören müssen, unsere Körper einzusetzen, wenn wir etwas wollen, oder? Das ist pure Manipulation, die in der Werbung allerdings so hervorragend funktioniert, daß man nur den Kopf schütteln kann. Jetzt können wir natürlich auch sagen: »Arme Männer, sollen sie doch lernen, nicht manipulierbar zu sein.« Stimmt auch. Aber wenn wir nicht aufhören zu manipulieren, werden wir nie vertrauenswürdig. Wir mißbrauchen unsere sexuelle Anziehungskraft. Damit ist sie nicht an unser Herz angeschlossen, sondern an den Mangel, und damit wird sie zur Droge. Eine wahre Schöpferin erschafft sich, was sie will und braucht und zwar, indem sie die Energie dafür als Lichtstrahl auf die Erde holt, nicht, indem sie einen kurzen Rock anzieht. Damit sind wir durch, geliebte Schwestern. Kurze Röcke ziehen wir Frauen nur dann an, wenn wir uns selbst damit gut, lebendig und voller Kraft fühlen, und nicht, um andere zu manipulieren.

Und noch ein Satz:

Wenn ich ja sage zu mir als Frau/als Mann, dann ..

....

(Probiere es bitte aus, sag diesen Satz immer wieder vor dich hin, und sei offen für alles, was dann kommt. Dieser Satz kann eine schier unermeßliche Kraftquelle sein, du findest vielleicht wahre Schätze in dir.)

Als ich diese Übung zum ersten Mal durchführte, kam mir irgendwann der Satz: »Wenn ich ja sage zu mir als Frau, dann stehe ich nie wieder in Konkurrenz zu Männern.« Das war ein Schlüsselerlebnis. Ich kann gar nicht in Konkurrenz zu Männern stehen, weil ich eine vollkommen andere Energie habe. Ich brauche nicht besser zu sein, ich bin aber auch nicht schlechter, ich bin einfach anders.

Wenn du einmal begonnen hast, diesen vierten Schritt zu gehen, dann führt er dich von allein immer tiefer hinein in deine Schatten. Immer so weit, wie du heute bereit bist, so weit, wie du heute damit umgehen kannst.

Wenn du spürst, du kommst allein nicht klar mit dem, was sich in dir zeigt, dann scheue dich bitte nicht, Hilfe in Anspruch zu nehmen. Es gibt sehr gute Bücher zu diesem Thema und Selbsthilfegruppen für alle, die eine Suchtstruktur erkennen. (Nein, da sitzen keine völlig Verrückten. Alle, die sich dort zusammenfinden, sind bereit, sich dem zu stellen, was in ihnen ist. Es ist meistens nicht viel schlimmer als das, was wir selbst erkennen, du brauchst nicht wer weiß wie süchtig zu sein, um dir Hilfe zu suchen.) Natürlich gibt es auch Einzeltherapien oder Familienaufstellungen. Ich gebe dir im Anhang eine ganze Liste von Hilfsangeboten, vielleicht ist ja etwas für dich dabei.

Meditation:

Schließ die Augen, und bitte Erzengel Michael dir das Schwert der Klarheit zu überreichen.
Nimm wahr, wie er es dir reicht, vielleicht blitzt es blau oder golden auf. Nun bitte ihn um die Kraft, es zu führen, und schau, was er dir antwortet.
Öffne die Augen, und bleibe in dieser Klarheit. Hol dir etwas zu schreiben, und dann beginne, gleichgültig, wo; laß dich von innen heraus führen, und gestatte dir, so ehrlich zu sein, wie dir das möglich ist.
Deine höhere Kraft ist bei dir und liebt dich, du darfst dir erlauben, alles zu zeigen, kein Blitz wird vom Himmel fahren und dich strafen.

Stelle dich mit Unterstützung aller Schutzengel, aller geistigen Führer und Lehrer deinen eigenen Verstrickungen und Verwirrungen. Das ist das Liebevollste, was du überhaupt für dich tun kannst.

Du erhältst deine Würde zurück, wenn du diesen Schritt gehst, auch wenn du vielleicht nicht einmal weißt, daß und wo du sie verloren hast.

Der fünfte Schritt

Wir zeigen uns mit all unseren Verirrungen und Schmerzen uns selbst, Gott und einem anderen Menschen.

Hast du es je erlebt, wie dir ein Stein vom Herzen fällt, wenn du dich mitteilst? Vielleicht nicht, denn in diesen Bereichen teilen wir uns nicht mit, weil wir nicht einmal vor uns selbst zugeben können, wie wir fühlen, denken und handeln. Bei diesem Schritt wirst du deine alten Programme wirklich wahrzunehmen beginnen. Du hast es aufgeschrieben, aber wahrscheinlich fingen schon beim Schreiben die Rechtfertigungen und Entschuldigungen an. Bei diesem Schritt geht es darum, Verantwortung zu übernehmen.

Du stellst dich bei diesem Schritt all den Gefühlen, die mit deinem Handeln und Denken verbunden sind. Du schaust dir gewissermaßen das Ausmaß der Katastrophe an. Und du gibst zu, daß du dafür verantwortlich bist. Den vierten Schritt zu *schreiben* ist die eine Sache. Vor dir selbst, vor Gott und vor einer anderen Person dazu zu stehen, die Entschuldigungen und Ausreden sein zu lassen und die Verantwortung tatsächlich in all ihrer Last zu tragen ist eine ganz andere. Etwas zu beschreiben hat noch lange nichts damit zu tun, das eigene Verhalten, die eigenen Denk- und Gefühlsstrukturen wirklich wahrhaben zu wollen.

Der vierte Schritt ist schwer und schmerzlich, weil du in den Spiegel der Selbsterkenntnis schaust. Beim fünften Schritt beginnst du, zu glauben und wahrhaben zu wollen, was du siehst. Du öffnest nach und nach die Augen und gehst sogar so weit, einem anderen dein ungeschminktes Spiegelbild zu zeigen.

Du zeigst deine dunkle Seite, die Seite, die du lange Zeit nicht wahrhaben wolltest und verdrängt hast vor dir, erst recht vor anderen, sogar vor der göttlichen Kraft. Aber wir können nicht vollständig und heil werden, wenn wir unsere Schattenseiten nicht ansehen und annehmen. Du

> *Trau dich, auch deine dunkle Seite zu zeigen.*

brauchst nicht gegen deinen Schatten anzukämpfen, der Schatten muß nicht einmal erlöst werden. Alles, was es zu tun gibt, ist, ihn mit deinem Herz zu verbinden, ihn zurück in die Hände Gottes zu geben. Aber das können wir nur, wenn wir wissen, worüber wir eigentlich reden, was dieser Schatten überhaupt ist. Wenn du seine Existenz zugibst und ihn bewußt an die Kraft deines Herzens anschließt, dann steht dir seine unbändige Kraft zur freien Verfügung und braucht nicht mehr im Dunkeln zu agieren.

Das ist, als sei deine Kraft wie ein Eisberg. Du tust vielleicht alles, damit du selbst und andere nur die kleine Spitze wahrnehmen, die Spitze die aus dem Meer herausragt, die Spitze, die schön funkelt und in der Sonne glänzt, die ungefährlich und überschaubar wirkt. Vielleicht meinst du sogar, diese wohlgeformte, ungefährliche, spiegelglatte Spitze sei alles, was du bist. Wenn Schiffe in einiger Entfernung sinken, dann hat das mit dir nichts zu tun, glaubst du, denn du bist ja meilenweit entfernt und nur so ein kleiner, harmloser, weithin sichtbarer Eisberg.

Seltsam ist nur, daß diese Schiffe immer an der gleichen Stelle sinken, daß du immer wieder die gleichen Partner anziehst, daß du immer wieder betrogen wirst ...

Wenn du deine Kraft nicht wahrhaben willst, dann verschwindet sie deshalb noch lange nicht, sie wirkt dennoch. Dann aber dient sie deinen unbewußten Kräften, und das sind immer die Ängste.

Also, werde bereit, die versteckte Seite zu zeigen, das, was dich stabilisiert und trägt. Denn weißt du, alles, was du bei Schritt vier aufgeschrieben hast, ist nichts anderes als deine Art, mit dem Leben, mit Verletzungen, mit Liebe, mit Verlust und mit Angst fertig zu werden. Es ist vielleicht nicht gerade hocherleuchtet, aber wenn dir etwas Besseres eingefallen wäre, hättest du anders gehandelt. Das weiß die göttliche Kraft.

Wenn du dich dir selbst stellst, zerbricht wahrscheinlich dein Selbstbild. Das kann wirklich schlimm sein, besonders, wenn du größten Wert darauf legst, immer alles perfekt und richtig zu machen, wenn du also große Angst vor Strafe hast. Aber es ist mit Sicherheit nicht schlimmer als das, was du dir selbst bisher angetan hast. Die Bestrafungen, die du so fürchtest, hast du dir schon längst selbst zugefügt, indem du dir Erfüllung und Liebe versagt hast.

Du brauchst unbedingte Klarheit über dein schädliches Verhalten, sonst kannst du nicht bereit werden, es irgendwann zu lassen und dein Leben tatsächlich in Gottes Hände zu legen. Verstehst du das? Denn weißt du, wenn du nicht bereit wirst, dich so zu zeigen, wie du bist, mit all deinen erleuchteten und unerleuchteten Anteilen, wirst du nie erfahren, wie heilsam echtes Mitgefühl sein kann. Wenn du dich nicht zeigst, dann bleibst du im Mangel und in der Selbstbestrafung gefangen, in der Vorstellung: Wenn die anderen nur wüßten, wie ich wirklich bin, dann liebte mich kein Mensch auf der Welt! Wenn du nicht bereit bist, deine Betroffenheit und eventuell auch deine Scham über dich selbst zu spüren und zu zeigen, wirst du womöglich niemals darüber hinauswachsen können.

Es ist ein sehr harter Schritt, deine Schattenseiten, die Art, wie du Liebe verhinderst oder in dein Leben zwingst, anzuerkennen und zuzugeben. Aber du hast ja bereits eine höhere, göttliche Kraft für dich gefunden. Wenn du dich zunächst ihr anvertraust, dann dir selbst und erst am Ende einem anderen Menschen, dann kannst und dann wirst du es schaffen. Durch das Aussprechen kommst du

Jetzt wird es einfach Zeit, etwas anderes zu erschaffen.

in einen Bereich von geistiger Klarheit, den du dir nicht mal ansatzweise vorstellen kannst, wenn du es gewohnt bist, dich und deine Art zu leben nur in kleinen Appetithäppchen zu zeigen.

So suche dir einen Freund, eine Freundin, einen Pfarrer, irgend jemanden, von dem du weißt, daß er bereit ist, dir ohne Kommentar zuzuhören, voller Mitgefühl und Verständnis. Wenn du so jemanden nicht findest, dann denke vielleicht einmal darüber nach, in eine Gruppe für Menschen zu gehen, die ihre Beziehungen mit diesem 12-Schritte-Programm zu ändern versuchen; ich gebe dir im Anhang mehr Informationen dazu. Da findest du Menschen, die genau wissen, was der fünfte Schritt bedeutet und wie man darauf reagiert.

Falls du das nicht möchtest, dann schreibe ich dir hier

einen Brief, den du dem Menschen, mit dem du diesen
Schritt teilen willst, vielleicht zu lesen geben kannst:

Liebe(r) ...,

*ich bin dabei, mein Leben ganz neu zu gestalten
und mir meine alten Verhaltensweisen und
Gefühle genau anzuschauen. Ich weiß selbst,
daß einiges von dem, was ich dir gerne sagen
möchte, nicht in Ordnung war, genau deshalb
will ich es ja aussprechen. Teilweise ist es auch
so schmerzhaft, daß ich es gar nicht wahrhaben
möchte.*

*Ich bitte dich, mir mit offenem Herzen zuzuhö-
ren, denn ich habe das noch nie einem Menschen
gezeigt, nicht einmal mir selbst. Bitte sage
nichts dazu, gib mir bitte keine Ratschläge, und
verurteile mich nicht. Ich sehe, was ich getan
habe, und ich bin bereit, mich zu ändern. Dazu
brauche ich dein Mitgefühl und dein offenes Ohr.
Falls dir das nicht möglich sein sollte, dann teile
es mir bitte sehr ehrlich mit, denn wenn ich mich
dir zeige, dann bin ich sehr verletzlich.*

*Ich brauche die Versicherung, daß du mir diesen
Raum des Mitgefühls oder der Akzeptanz
schenkst. Ich werde mich vielleicht schämen,*

*vielleicht werde ich auch weinen, das ist alles in
Ordnung und darf so sein, bitte bleib einfach da,
und laß mir den Raum.*
*Ich danke dir sehr für deine Bereitschaft, mir
zuzuhören.*

Wenn du beim Schreiben ein komisches Gefühl hast,
dann schreibst du vielleicht an die falsche Adresse.
Manchmal möchten wir uns Menschen zeigen, die nicht
gut damit umgehen würden. Bitte, tu das nicht. Das ist
vielleicht nur wieder eine Art, dich selbst zu bestrafen.

Wenn du bereit wirst, dich zu öffnen und dich mitzu-
teilen, wirst du spüren, mit wem du das tun kannst.
Außerdem hast du ja deine Höhere Macht an deiner Seite. Bitte sie einfach, dir den richtigen Menschen vorbei-
zuschicken, und bitte auch gleich darum, daß du ihn
dann bemerkst. Es kann sein, daß es jemand ist, an den
du nicht im Traum gedacht hättest!

»Es ist nicht der
Glaube, der Berge
versetzt, sondern die
Liebe.«

Georges Guilbert

Der sechste Schritt

Bereite dich darauf vor, von nun an aus dem Herzen heraus zu leben, bereite dich auf einen echten Quantensprung vor.

Weißt du, was ein Quantensprung ist? Elektronen kreisen in bestimmen Schalen, sogenannten Orbitalen, um den Atomkern wie die Planeten um die Sonne. Wenn nun dieses Atom mit sehr viel Energie von außen versorgt wird, dann kann es passieren, daß die mit Energie angereicherten Elektronen ihre Schale, in der sie sich häuslich eingerichtet haben, verlassen müssen. Sie springen auf die nächste Schale, eine, die weiter außen liegt und ein höheres Energieniveau hält. In diesem Orbital gelten vollkommen andere Gesetze, das Elektron wird quasi ins kalte Wasser geworfen, es kennt diese Schale nicht, und nichts hat es darauf vorbereitet. Das Wichtigste an diesem Prozeß aber ist, daß die Energie von außen kommt, sie kann nicht innerhalb des Systems erzeugt werden. Ein Quantensprung erfordert immer, daß ein System offen ist, sich mit der Umwelt austauscht.

(Natürlich können Quantensprünge auch durch den Verlust von Energie ausgelöst werden, dann fällt das Elektron auf eine innere Schale, in der weniger Energie gehalten wird. Das ist wie der Verlust von Bewußtsein und Kraft. Wir reden hier aber von der sich ausdehnenden Variante.)

Warum muß ich mich darauf vorbereiten? fragst du vielleicht. Aber wenn du Schritt fünf tatsächlich gegangen bist, dann weißt du es. Du hast dir ein ganzes Waffenarsenal gegen Verletzungen zusammengesammelt. Das sollst du nun einfach so hergeben? Was werde ich denn tun, wenn wieder einer daherkommt und mir das Herz aus der Brust reißt?, fragst du dich vielleicht. Soll ich mich denn nicht mehr schützen? Und: Nur weil du jetzt weißt, wie deine Waffen aussehen und wie du sie einsetzt, bist du sicher noch lange nicht bereit oder gar in der Lage, das aufzugeben.

Das brauchst du auch gar nicht. Bei diesem Schritt geht es darum, bereit zu werden, sie dir sanft aus der Hand nehmen zu lassen. In dem Wissen, daß du dafür etwas viel Besseres bekommst, auch wenn du vielleicht noch gar nicht genau weißt, was das sein könnte. Keine göttliche Kraft der Welt hat ein Interesse daran, daß du verletzt wirst oder dich auslieferst. Du darfst deine Waffen haben, es geht ja nur um die, die sowieso nicht funktionieren.

Weißt du, bislang haben wir eigentlich nur geredet, wir haben vielleicht die eine oder andere Tasse Tee oder

Kaffee miteinander getrunken, ich hier beim Schreiben, du vielleicht beim Lesen. Du hast deinen vierten Schritt geschrieben, ihn vielleicht schon mit jemandem geteilt. Jetzt aber geht es zum ersten Mal darum, Dinge bewußt anders zu machen, dich dem, was hinter deinen Verhaltensweisen liegt, zu stellen.

Du wagst damit einen ganz neuen Anfang, du erklärst dich bereit, alles, was du erkannt hast, nach und nach hinter dir zu lassen.

> *Bereite dich darauf vor, von nun an aus dem Herzen heraus zu leben*

Meistens hört die Entwicklung genau an diesem Punkt auf. Wir wissen ja jetzt, was wir anrichten und wie und warum wir uns so oder so verhalten. Es wirklich zu ändern, nun, das ist ein ganz anderer, riesengroßer Schritt ins Unbekannte, eben ein Quantensprung. Denn nun wirst du all das, worüber du bislang nur berichtet hast, spüren, live und in Farbe. Vielleicht hast du das Gefühl, schon so viel getan zu haben, du hast doch schon verstanden, was schiefläuft. Also, was will ich noch von dir?

Bei diesem Schritt lernen wir möglicherweise zum ersten Mal in unserem Leben eine innere Haltung kennen, die wir normalerweise weit von uns weisen: Demut.

Hatten wir bisher zwar zugegeben, daß wir in Beziehungen oft unangemessen reagieren, so haben wir das doch noch nie im täglichen Leben gelten lassen. Nun kommen wir aus dem Wissen in das Tun – und spüren, wie wir scheitern. Wir wissen einfach nicht, wie wir anders reagieren könnten; da nutzt uns unser ganzes schlaues Gerede nichts. Und genau jetzt ist es Zeit, loszulassen und zu lernen, nicht mehr auf die alte Art zu reagieren, selbst wenn du noch keine Idee hast, wie du es anders machen kannst.

Die Schritte vier und fünf beleuchteten deine Art, Liebe zu verhindern oder in unangemessener Weise in dein Leben zu ziehen. Aber selbst jetzt, wo du es weißt, könnte es passieren, daß die alten Verdrängungsmechanismen wieder einsetzen und du zurückfällst. Denn haben dir die alten Verhaltensweisen nicht auf ihre verdrehte Weise Gewinn gebracht? Immerhin hast du einigermaßen bekommen, was du wolltest, zumindest hattest du das Gefühl, alles dafür zu tun. Du hattest vielleicht den Eindruck, wenigstens »im Spiel« zu sein und alles beizutragen, was dir einfällt. Das soll nun plötzlich alles null und nichtig sein? Was tust du denn statt dessen?

Lerne, in Demut zu leben.

All die romantischen Verwicklungen, selbst wenn sie nur in deiner Phantasie stattgefunden haben, all die inneren Dialoge mit dem Partner deiner Träume oder deines Leidens, die Aufregung, selbst die Wut und die Trauer vermittelten dir vielleicht das Gefühl, am Leben zu sein, am Spiel der Beziehungen teilzunehmen. Vielleicht ist diese Illusion besser als gar nichts gewesen, und du dachtest, es müßte so sein, jedem ginge es so und es lebte sowieso keiner in erfüllten Beziehungen.

Tatsächlich glauben wir, wenn wir uns nur lange genug mit Trauer und Enttäuschung arrangiert haben, es gäbe nichts anderes.

Du hast das Schauspiel deiner unerfüllten Beziehungen so lange geprobt und führst es schon so lange auf, daß du nur dieses eine Drehbuch kennst. Sicherlich wurde es dir schon in frühester Kindheit in die Hand gedrückt. Alles, was deine Seele über Beziehungen und Liebe lernen wollte, als sie auf die Erde kam, steht verschlüsselt in diesem Drehbuch, deine Eltern gaben es dir durch ihr Verhalten in die Hand. Du führst es möglicherweise schon so lange auf, daß du sicher nicht einmal mehr bemerkst, daß es ein Theaterstück ist, ein Schauspiel, ein improvisiertes Stück, das auch völlig anders aussehen könnte.

Bei den letzten Schritten hast du es dir von außen angesehen, du hast die Bühne verlassen und dich in den Zuschauerraum gesetzt. Damit hast du die Forderungen deiner Seele erfüllt, du bist dir des Schauspiels bewußt geworden, hast es in seiner Gesamtheit erfaßt. Mehr will die Seele nicht.

Und jetzt?

Gehst du zurück auf die Bühne und spielst weiter, oder entscheidest du dich, den Beruf des Drehbuchautors und Regisseurs zu erlernen? Auf höherer Ebene schreibst du das Stück sowieso selbst, dann kannst du doch genausogut lernen, das ganz bewußt zu tun, und dir ein Mitspracherecht einräumen, oder?

Du hast jetzt und hier die Möglichkeit, aus der altbekannten Opferrolle, aus der Gefangenschaft und Verstrickung in deine Gefühle, Gedanken und Verhaltensweisen, in die Rolle des Schöpfers zu wechseln. Wenn du bereit bist, das nervenaufreibende Drama auf deiner Bühne abzusetzen und den Adrenalinentzug, der dann unweigerlich kommt, auszuhalten, wirst du frei. Du kannst mit Hilfe der Kraft der Liebe ein vollkommen neues Stück schreiben und einstudieren, diesmal aber bewußt und mit freundlicher Unterstützung der allerhöchsten Schöpferkraft. Du hast jetzt vielleicht zum ersten Mal in deinem Leben die Möglichkeit, innezuhalten und tatsächlich auszusteigen – wenn du es willst.

Dieser Schritt kann zunächst sehr enttäuschend und frustrierend sein, denn du willst zwar das Stück nicht mehr sehen, aber dir fällt kein neues ein. Und ganz arbeitslos willst du auch nicht werden, denn das fühlt sich für eine kleine Weile ziemlich leer und hoffnungslos an. Lustlos kletterst du vielleicht doch wieder auf die Bühne und nimmst deine Position ein.

Na, dann spiel es doch einfach noch ein, zwei Wochen lang weiter. Irgendwann wirst du mitten im Text aufhören und die Bühne verlassen, ohne jede Erklärung und ohne Drama, weil es dich mittlerweile selbst nur noch langweilt.

Wechsle nun in die Rolle des Schöpfers und laß die Opferrolle hinter dir.

Was aber, wenn im Zuschauerraum einer sitzt und dich immer wieder anfeuert, dich nicht loslassen kann, wenn er immer wieder »Zugabe« schreit, obwohl der Vorhang schon gefallen ist?

Dann mußt du riskieren, diesen Zuschauer zu verlieren. Wenn einer immer wieder das gleiche Stück sehen will, dich immer wieder in die gleichen emotionalen Verwicklungen hineinziehen will, dann setze das Stück trotzdem ab. Das ist wirklich schwer, denn du lebst mittlerweile energetisch wahrscheinlich vom Applaus und von der Zugkraft dieses Zuschauers. Vielleicht ist diese Zugkraft (manchmal verwechseln wir das mit Liebe oder sexueller Anziehung, aber es ist schlichte unbewußte Schwarze Magie, suchtgesteuerte Bindungsenergie) der einzige Grund, warum du dein unsäglich langweiliges Stück überhaupt noch im Programm hast. Dann mach dir klar, daß es deine Kraft bindet. Du wirst dich nicht hinset-zen und ein neues Drehbuch schreiben, wenn du das alte nicht auf den Müll wirfst und die Mitwirkenden rauswirfst, falls sie nicht bereit sind, sich neue Rollen anzueignen.

Wirf dein altes Drehbuch in den Müll und schaffe Platz für ein neues.

Du entscheidest dich in diesem Schritt, das Ausagie-ren deiner alten Programme sein zu lassen, auch wenn das heißt, daß du dich zeitweise geradezu handlungsun-fähig fühlst.

Es ist ein vollkommen unterschätzter Unterschied, ob du etwas nur fühlst und denkst oder ob du tatsächlich danach handelst. Das Handeln macht immer den Unter-schied, denn es manifestiert die Schöpferenergie, die sich bislang in den geistigen und emotionalen Auraschichten aufgehalten hat. Stell dir einen trockenen Alkoholiker vor. Er wird sicher, noch Jahre nachdem er zu trinken aufgehört hat, ab und zu sehnsüchtig und manchmal zit-ternd vor Gier an seinen Schnaps denken. Aber er trinkt ihn nicht, sondern er geht in ein AA-Meeting. Er vergif-tet nicht seinen Körper, er gerät nicht in die alte Schlei-fe, er gibt sich selbst die Chance, Stück für Stück zu genesen und sein System nach und nach auf eine höhere Frequenz zu heben. Er folgt mit seinen Handlungen jenen Energien, die an Liebe und Genesung angeschlossen sind, denn auch die sind in seinem System vorhanden. Ein Schluck, und das Gift beginnt, seine Sinne zu vernebeln, sein Feld bricht in sich zusammen, das Elektron kann die Energie nicht halten und vollführt einen Quantensprung nach innen.

Du spürst vielleicht in einer Bar oder einer Diskothek, wie dich ein Mann magisch anzieht, er sieht toll aus und scheint – mal wieder – dein Traummann zu sein. Leider beachtet er dich nicht, selbst dann nicht, als du dich genau neben ihn stellst und einen coolen Cocktail orderst. Das wäre nun dein Stichwort, aber du bleibst in der Garderobe, betrittst nicht die Bühne, leierst nicht deinen Text herunter.

Hättest du dich vielleicht noch vor ein paar Tagen oder Wochen angestrengt, um ihm aufzufallen (oder hättest du dich beschämt und peinlich berührt abgewandt), so bemerkst du heute deine emotionale Reaktion, aber du TUST nichts. Du wirfst weder deine Haare nach hinten, um begehrenswert zu wirken, noch senkst du den Blick, um ja nicht aufdringlich zu sein. Du bleibst einfach stehen (oder verziehst dich in eine ungestörte Ecke) und nimmst deine Gefühle wahr, gleichgültig, was er denken könnte. (Ohne boshaft sein zu wollen, meistens denken

Männer in einer solchen Situation schlicht gar nichts, sie bemerken nicht mal, daß überhaupt eine Situation stattfindet. Das ist dein Konflikt, nicht seiner.)

Ich gebe dir ein anderes Beispiel:

Dein Partner oder deine Partnerin kommt müde und abgearbeitet nach Hause, regt sich wegen jeder Kleinigkeit auf und sucht irgendwie Streit. Er oder sie kritisiert dich, ist zynisch und süffisant, vielleicht macht er oder sie spitze Bemerkungen oder ignoriert dich einfach.

Du duckst dich, hast Mitleid und Verständnis, während es in dir kocht, du bekommst Angst, die alte Litanei in dir beginnt, du lenkst ein und vertröstest deine guten Gefühle auf morgen. Du beschwichtigst dich damit, daß er oder sie es ja nicht so meint. Vielleicht wirst du auch kalt und abweisend, du verbirgst deine Verletzung hinter Hochmut und Arroganz. Du glaubst, so schlimm wäre es nicht, denn du hältst es ja noch aus. Du suchst die Schuld für sein oder ihr Verhalten in dir, glaubst, wenn du nur ein bißchen besser kochen, putzen, aussehen, Geld verdienen oder was auch immer würdest, dann bräuchte er oder sie nicht so abweisend zu sein. Gleichzeitig spürst du, daß das alles nicht stimmt, du wirst kalt und fühlst Verachtung und Wut.

Das hört sich zwar ziemlich schlimm an, ist aber oft der ganz normale Wahnsinn, so vertraut und trainiert, daß wir es gar nicht mehr wahrnehmen. Nur unser Magen, der verknotet sich immer weiter, und Lust auf Sex mit diesem Menschen haben wir schon längst nicht mehr.

Anstatt uns nun entweder anzustrengen, uns zu rechtfertigen oder wütend zu werden, tun wir nichts und versuchen nur, unsere Gefühle zu spü-

Löse dich von den alten Programmierungen.

ren. Wir bemerken, wie wir die Schuld bei uns zu suchen beginnen, reagieren aber nicht darauf. Wir spüren tiefer hinein in das, was in uns geschieht, ohne es gleich wieder zu verschleiern. Wir bemerken, ob wir geneigt sind, ihm die Schuld zuzuweisen, wir spüren einfach, was in uns geschieht, ohne etwas zu tun. Und wir werden nach und nach bereit, anders zu reagieren – sei es, daß wir ihn oder sie zur Rede stellen, mit mehr Verständnis und Liebe anschauen oder verlassen – je nachdem, welchen Weg deine Höhere Macht dir weist. Vor allem aber schauen wir (Schritt vier), welche eigene Überzeugung uns diese Energie beschert hat, was in uns zieht ein solches Verhalten an?

In diesem Schritt entwickeln wir die Bereitschaft, uns im ganz alltäglichen Leben anzuschauen, was wir dazu beitragen, daß unsere Beziehungen nicht funktionieren – und es zu lassen und zwar, ohne zu wissen, was wir statt dessen tun sollen. Wir dringen dadurch in immer tiefere Schichten unserer Verhaltensweisen vor, wir spüren immer deutlicher, auf welche Weise wir bislang dem Fluß der Liebe in unserem Leben Hindernisse in den Weg legten oder ihn zum Versiegen brachten.

Du läßt es zu, daß du dich sehr unsicher fühlst, für eine Zeitlang vielleicht verwirrt bist. Das ist so, wenn wir neue Verhaltensweisen und neue Energien in unser Leben bitten. Das Elektron weiß auch nicht, was auf dieser neuen Schale von ihm erwartet wird. Du kannst ganz sicher sein, daß es in allernächster Reichweite kraftvolle, liebevolle und lebendige neue Energien für dich gibt, aber zuerst brauchst du ein bißchen Platz dafür in deiner Aura.

»Werde bereit.« Du hast bei Schritt vier Erzengel Michael gebeten, dir das Schwert der Klarheit zu geben. Nun wirst du bereit, ihn und seine Mannschaft um einen OP-Termin zu bitten, oder, noch genauer, um eine ganze Serie von Terminen. Du weißt, was auf dich zukommt und daß du dich vielleicht sehr unsicher fühlen wirst. Aber je länger du dir in aller Klarheit anschaust, wie du selbst zu deinem Unglück beiträgst, um so mehr spürst du Abneigung und Überdruß hinsichtlich dieses Verhaltens. In dir sind mittlerweile so viel Kraft und Klarheit gewachsen, daß

du bald gar nicht mehr anders kannst, als um Erlösung zu bitten.

»Werde bereit« ist ein Prozeß, zu dem du nicht viel beitragen kannst, außer, wachsam zu bleiben. Die göttliche Kraft, die du für dich gefunden hast, dein Entschluß, dein Leben in ihre Hand zu geben, und deine mutige Bereitschaft, dir deine verletzten Seiten anzuschauen, beginnen nun wie ein homöopathisches Mittel zu wirken. Dabei werden Ebenen deines Seins berührt, zu denen du keinen Zugang erhältst, wenn du dich nur auf deinen Intellekt und deinen bewußten Willen verläßt. Der sechste Schritt ist wie innere Alchemie, du wirst bereit, aber du kannst wenig dafür tun. Es sind dein Licht, deine Klarheit, die den Prozeß führen. Du beobachtest dich beim Bereitwerden. Und eines Tages kannst du nicht mehr anders, du sagst den alles verändernden Satz:

»Ich weiß nicht, wie es geht, aber ich weiß, so, wie ich es getan habe, will ich es keinen Tag länger mehr tun.«

Das ist der erste bewußte Schritt in Richtung Heilung, in Richtung echter Transformation. Du steigst aus deinem bisherigen Leben aus, um in die Fülle der echten Liebesbeziehungen zu wechseln.

Meditation:

Stelle dir eine Bühne vor, toll ausgestattet oder
sehr karg, so, wie es deinem Gefühl entspricht.
Bitte deine Höhere Kraft zu dir. Jetzt nehmt beide
im Zuschauerraum Platz, deine Rolle wird heute
von der Zweitbesetzung gespielt. Der dunkelrote
Samtvorhang öffnet sich ... dein bevorzugtes
Drama spielt sich ab. Genau die Situation, die du
am meisten haßt, in der du dich vollkommen
hilflos fühlst.

Du schaust dir das Stück so lange an, wie du
magst, vielleicht erkennst du noch die eine oder
andere Verhaltensweise, die dir bisher entgangen
ist. Deine Höhere Macht zeigt dir vielleicht
liebevoll, an welchen Punkten sie dich gerne
unterstützen würde, wo du anders handeln
dürftest, so, als gingest du mit einer weisen
Freundin oder einem liebevollen Freund ins
Theater. Sachkundig und sehr erfahren gibt dir
deine Höhere Macht Anregungen und zeigt dir,
wo dein Drama ein bißchen langweilig ist und
wo du noch Erkenntnis brauchst.

Und irgendwann, mitten im Stück oder auch erst
am Ende, dann, wenn du merkst, es ist genug,

*gibst du ihr das Drehbuch in die Hand und
bittest sie, es zu überarbeiten. Nun schau, was
geschieht, vielleicht geht es in Flammen auf oder
wird in einem sonstigen dramatischen Ritual von
dir genommen, vielleicht blättert deine Höhere
Macht auch nur darin herum und nimmt einen
roten Stift zur Hand.*

*Fühle die Erleichterung. Du hast es aus der Hand
gegeben, jetzt kann es nur noch besser werden.*

Du hast es geschafft, ich gratuliere dir von ganzem
Herzen. Ab sofort wird sich dein Leben auf ungeahnte
Weise verbessern, du wirst Kraftquellen in dir entdecken
und neue werden für dich zu sprudeln beginnen, von denen du heute nicht einmal etwas ahnst. Das heißt nicht,
daß dein Traumprinz oder deine ersehnte Prinzessin
gleich morgen dahergeschritten kommt. Das heißt aber,
daß du den Fluß nicht länger behinderst oder strapazierst.
Du machst den Weg frei für die Seele, mit der du dich
verabredet hast, du gibst das Signal, nach und nach für
eine echte, liebevolle Beziehung voller Achtsamkeit und
Wahrhaftigkeit bereit zu werden. Das innere verwöhnte
oder verschreckte Prinzeßchen wacht endlich auf und bekommt, wenn es sich als würdig erweist, das Zepter in
die Hand. Der Prinz, der sich nicht festlegen will, beginnt
sich seinem Herzen zu verpflichten. Du erhältst nun das

Einweihungsritual, das dich zur Königin, zum König in deinem Reich macht. Die Könige und Königinnen, die bereits ihr Leben beherrschen, werden aufmerksam. Du wirst bereit und reif für Menschen, die von Machtspielen ablassen können, die bereit sind, dir in Offenheit und Selbstverantwortung zu begegnen, so wie du es selbst gerade lernst. Außerdem wirst du, wenn du diese harte Bewußtseinsarbeit machst, keine Lust mehr auf die unreifen, verwöhnten Prinzen oder Prinzeßchen haben, die dich als Statussymbol brauchen oder dich nicht achten. Du lernst, dich selbst zu achten, weil du dich inzwischen achtbar und achtsam verhältst.

Der siebte Schritt

Bitte deine liebende, göttliche Kraft in aller Demut um die Energie und Liebe, die du für deinen Quantensprung brauchst, wieder und wieder.

Wir können mit unserer bewußten Kraft und unserem bewußten Willen gar nichts verändern oder heilen, nicht die kleinste Wunde, nicht die geringste Verletzung. Auf körperlicher Ebene ist uns das vollkommen klar. Es sind unsere Selbstheilungskräfte, die das tun, die Programme der Zellen zu unserer Erneuerung, die unendlich komplexe Weisheit unserer Drüsen, unseres Gehirnes. Kein Hokuspokus, kein spiritueller Kraftakt. Unsere Selbstheilung ist Teil unseres Wesens, fest eingebettet, nichts, worum wir kämpfen müssen.

Und nichts, worum wir kämpfen *könnten*. Wir haben zwar, wenn wir es üben, die Kraft, unsere Selbstheilungskräfte zu verstärken und wachzurufen, aber wir können sie nicht erschaffen, denn sie sind bereits vorhanden. Wenn sie nicht Teil unseres Systems wären, könnten wir uns auf den Kopf stellen und so lange OM singen, bis wir blau anlaufen, es würde nichts nutzen.

Das zu wissen ist Demut.

Du kannst veranstalten, was du willst. Wenn du nicht bereit bist, dich heilen zu *lassen*, wird nichts geschehen, denn du kannst dich nicht selbst heilen, nicht mit dem Teil, der es bislang versucht hat und der wahrscheinlich diese Zeilen liest.

Aber, liebste Seele: Sobald du dein »Ich« größer faßt, den Begriff ausdehnst, kannst du es sehr wohl. Wenn dein Bewußtsein weiter wird und du deine spirituellen Anteile wahrzunehmen beginnst, das spirituelle Wesen, das du in anderen Dimensionen bist, dann kannst du dir selbst den Marschbefehl erteilen. Wenn du weißt, daß du auf der Seelenebene alle Entscheidungen selbst triffst, dann kannst du lernen, diese Seelenebene zu betreten und von da aus neue Energien in deinem Leben zu erschaffen. Unsere Höhere Macht ist nicht außerhalb, sie ist innerhalb unseres Systems, wenn wir bereit sind, das System weiter zu fassen. Verstehst du, es ist eine Frage, mit wem oder was du dich identifizierst. Die meisten Menschen glauben, sie sind ihr Körper, ihre Gedanken und vielleicht noch ein kleines bißchen mehr, vielleicht gibt es sogar so etwas wie einen kleinen göttlichen Funken in uns, aber das war's.

Wie aber wäre es, wenn du weitaus mehr Kraft und Liebe in dir tragen würdest, als dir das bewußt ist?

Werde bereit, dich heilen zu lassen.

Für deinen Heilungsprozeß ist es sehr wichtig, zu verstehen, daß die Kraft zur Transformation zwar nicht in unserem bewußten Willen, aber auch nicht irgendwo im fernen Universum zu finden ist, sondern genau hier, tief in dir. Denn wenn das nicht so wäre, müßtest du dir die Heilung erst verdienen. Wenn du nicht davon ausgehst, daß auch die emotionalen und spirituellen Selbstheilungskräfte bereits Teil deiner Energie sind, wirst du dich womöglich wieder anstrengen müssen, und du kannst wieder nicht sicher sein, daß sie für dich wirksam werden.

Hm, was redet die denn? fragst du vielleicht, denn das scheint dem zweiten und dritten Schritt zu widersprechen. Da habe ich dir geraten, dir eine Höhere Macht zu suchen, die irgendwo im Universum herumschwebt. Aber erinnerst du dich an diesen Satz vom zweiten Schritt?

Es ist absurd, zu glauben, eine höhere Kraft, die sich durch diese Schönheit und Großartigkeit ausdrückt, könnte ein Interesse daran haben, daß du »brav« bist oder deine Gefühle unterdrückst.

Es ist nur logisch, daß sich genau dieselbe Höhere Macht auch durch dich ausdrückt, und wenn sich etwas durch dich ausdrückt, dann ist es untrennbar ein Teil von dir, wenn nicht sogar deine Essenz, das, was du in Wahrheit BIST.

Warum das wichtig ist? Weil es dir dann leichter fällt, die Kontrolle abzugeben. Du bittest nicht irgendeine Kraft außerhalb deines Systems, sondern die gesündesten, liebevollsten, spirituellsten Teile deiner selbst um Heilung, auch wenn du sie noch nicht spüren kannst. Und weil du nun weißt, daß sie sowieso zu dir gehören, kannst du deine Heilung geradezu anfordern. Das ist noch immer demütig, denn du weißt ja, du kannst es nicht allein. Es ist das Ego, das diese Demut braucht. Deine spirituellen Anteile brauchen sie nicht, denn auf diesen hohen Frequenzen gibt es keine Dualität mehr, also auch keinen Hochmut, dem du ein Gegengewicht setzen müßtest.

Du übernimmst mit diesem Schritt die Verantwortung für dein Energiesystem auf eine Weise, die vielleicht vollkommen neu für dich ist und deinem Ego einen empfindlichen Schlag hinsichtlich seiner Daseinsberechtigung versetzt: du bittest um Hilfe. Gerade in Beziehungen (und auch dein Verhältnis zu deiner höheren Macht ist eine Beziehung) ist uns das häufig nahezu unmöglich. Wir sind es gewöhnt, entweder alles allein zu machen oder vom anderen einfach zu erwarten, daß er für uns da ist. Offen zu unserer Bedürftigkeit zu stehen, offen zu zeigen, daß wir etwas nicht aus eigener Kraft schaffen, das liegt vielleicht nicht innerhalb unserer Möglichkeiten. Denn selbst wenn du davon ausgehst, daß dein Partner alles für dich tut, drückst du dich um das Bitten. Du forderst seine Hilfe, du hältst sie für selbstverständlich, vielleicht erkaufst du sie dir auch mit Sex oder guten Mahlzeiten – aber hier mußt du bitten. Wir haben unserer höheren Macht nichts zu geben als uns selbst, all die »Geschäfte«

> *Gib die Kontrolle an deine Höhere Macht ab.*

mit Gott funktionieren nicht wirklich. (Das hast du sicher auch schon festgestellt.)

Wir bitten also um Heilung, wir zeigen der göttlichen Kraft (und damit auf sehr hoher energetischer Ebene unserer eigenen Selbstheilungskraft), in welchen Bereichen wir bereit sind, uns anders zu fühlen und zu verhalten. Meistens bemerken wir erst jetzt, in welchem Ausmaß unsere Verhaltensmuster von unseren tiefen Existenzängsten bestimmt werden.

Jetzt kommen wir an all das heran, was hinter den verrückten Strategien steht, die wir uns ausgedacht haben. Wenn du es zum Beispiel gewohnt bist, die Aufmerksamkeit von Männern durch verführerisches Verhalten auf dich zu ziehen, dann wirst du in diesem Schritt sicher einige überraschende Entdeckungen machen. Du wirst vielleicht feststellen, daß du dich weder gewürdigt noch ernst genommen fühlst, wenn du dich »normal« verhältst. Dann lernst du gleich eine Menge über die Beziehung mit deinem Vater und darüber, wie sehr du dich vielleicht anstrengen mußtest, um seine ungeteilte Aufmerksamkeit, geschweige denn seine Liebe, zu bekommen.

Wenn du ein Meister darin bist, Frauen zu verstehen, ihnen zuzuhören und ihnen das Gefühl zu geben, sie sind die Sonne deiner sonst allzu grauen Welt (was unglaublich gut funktioniert, nicht wahr?), dann wirst du, wenn du bereit bist, das zu unterlassen, in tiefe Schichten deiner Angst, verlassen zu werden, vordringen. Du wirst dir wahrscheinlich über einige Dinge im Verhältnis zu deiner Mutter klarwerden und darüber, wie sehr du möglicherweise um ihre Liebe (oder um ihr Leben, falls sie krank war) gekämpft hast. Hier könnte die Antwort auf die Frage liegen, warum du Frauen zum Beispiel Kontrolle unterstellst oder warum du Frauen anziehst, die dich tatsächlich kontrollieren wollen.

Lerne, um das zu bitten, was du brauchst.

Ich will hier keine oberflächlichen populärwissenschaftlichen psychologischen Zusammenhänge in die Menge werfen, dazu ist das Thema viel zu ernst und viel zu schmerzhaft. Es führt zu weit, wenn ich dir in diesem Buch erläutere, woher all die Strategien, die wir uns ausgedacht haben, kommen und was ihnen zugrunde liegt. Ich will dir mit diesem Buch eine Anleitung an die Hand geben, die dir zeigt, wie du all das hinter dir lassen kannst. Das heißt aber nicht, daß es nicht sinnvoll ist, das zu verstehen, was sich in deinen Untiefen verbirgt. Wenn du Hilfe brauchst, dann such dir spirituell arbeitende Heilpraktiker oder psychologische Berater. Auch eine Familienaufstellung kann unendlich hilfreich sein.

Dennoch will ich dir folgendes erklären, auch wenn du das vielleicht weit von dir weist:

Letzten Endes ist es schlichte Todesangst, die zu einer Trennung führt. Unsere Beziehungen funktionieren deshalb nicht, weil wir einander tief mißtrauen, weil wir inzwischen so auf der Hut sind, daß schon sehr viel passieren muß, bis wir uns wieder hingeben. Als Frauen haben wir die absolute Kontrolle darüber, ob wir unsere Kinder ernähren und versorgen oder nicht. Damit halten wir in den ersten Jahren ihr Leben in unserer Hand. Wenn wir die Idee der Reinkarnation nicht weit von uns weisen, dann haben wir fast alle bereits die Erfahrung gemacht, wie es ist, abgetrieben zu werden oder schlicht zu verhungern, aus welchen Gründen auch immer. Dadurch können unbewußte Entscheidungen wie: »Ich werde nie wieder jemandem vertrauen.« entstehen. (Wenn du die Idee von dir weist, okay, dann nimm aber zumindest an, daß es so was wie kollektives Bewußtsein gibt und daß du unbewußten Zugriff auf die gesamten Erfahrungen der Menschheit hast. Im Stammhirn sind sie gespeichert. Gäbe es dieses Bewußtsein nicht, gäbe es keine Evolution, keine Entwicklung.)

Und wenn dir auch das noch zu weit hergeholt erscheint, dann achte einfach auf die tägliche Berichterstattung in den Medien: Wir alle wissen, daß solche Dinge geschehen, weil wir jeden Tag davon hören. Unser inneres Kind erleidet jedesmal einen Schock und bekommt Angst.

Als Reinkarnationstherapeutin habe ich dazu folgende Erfahrung gemacht: Wir alle waren und hatten Mütter, die ihre Kinder nicht genährt oder aber mißbraucht haben, das gehört zum seelischen Entwicklungszyklus dazu, es ist eine Erfahrung, die jede Seele durchmachen muß. (Die dunkle, alles verschlingende Seite der Mutter ist der Archetypus der Lilith, des dunklen Mondes. In ihrer erlösten Form ist sie eine immens wichtige weibliche Kraft. Männer mißbrauchen und mißhandeln Frauen meist aus Angst vor Liliths äußerst schöpferischer, aber auch zerstörerischer Energie.)

Und wir alle sind bereits umgebracht und sexuell mißbraucht worden, meistens von Männern (Mißbrauch der Marsenergie, auch das gehört zum Basiswissen jeder Seele, die auf der Erde inkarniert. Zumindest hören

wir in den Nachrichten davon, allein das erzeugt Angst
und Mißtrauen. Alle weiblichen Waffen, seien es Gift,
Sex oder jede andere Strategie, die Kontrolle wiederzu-
erlangen, entstehen aus Angst vor dieser Kraft). Wenn
du nur genug Inkarnationen hinter dir hast, in denen
du verbrannt, geviertelt oder vergiftet wurdest, dann
hast du allen Grund, den
Männern oder Frauen um
dich herum nicht mehr zu
vertrauen. Nur weil wir in

Lerne, wieder zu vertrauen.

einer einigermaßen zivilisierten Gesellschaft leben, heißt
das nicht, daß du dich geschützt fühlst. Also hast du dir
eigene Strategien ausgedacht. (Oder vor wem warnen
wir unsere Kinder, wenn wir sagen: Geh nicht mit frem-
den Männern mit ... Kennst du das?) Noch immer sind
es hauptsächlich Männer, die Frauen umbringen.

Wie sollst du dem eventuellen Feind in deinem Bett
Vertrauen schenken? Nicht nur das oberflächliche, bewußte Vertrauen, sondern das, welches bis ganz hinun-
ter in die Tiefe reicht, bis in die Wurzeln deines Seins?
Das ist überhaupt nicht mehr möglich nach dem, was
wir miteinander durchgemacht haben, nicht, wenn wir
nicht völlig neue Konzepte bekommen.

Und meistens sind es Frauen die ihre Kinder in die
Mülltonnen werfen, die ihre Kinder verachten und nicht
in den Arm nehmen, immer sind es natürlicherweise die

Frauen, die den Fluß der Liebe zu ihren Kindern hin steuern und kontrollieren. Und da wir Frauen in bezug auf Männer tiefe Angst und Verachtung in uns tragen, gehen wir genauso mit unseren Söhnen um.

Ich habe tatsächlich schon diesen Satz gehört (eine Frau sagte ihn zu ihrem dreijährigen Sohn): »Wenn du danebenpinkelst, schneide ich ihn dir ab.« Und das war eine gebildete, liebevolle Frau, nur eben ihren eigenen Ängsten gegenüber völlig unbewußt. Kinder glauben ihren Eltern, wie sollten sie auch nicht? Wir geben unsere tiefsten Ängste in Form von Gemeinheiten und Grausamkeit weiter und können meistens gar nicht anders.

Es ist Zeit, für völlig neue Konzepte.

So, jetzt bist du wahrscheinlich ein bißchen erschüttert oder willst mir nicht recht glauben. Das Vorangegangene mußte aber gesagt werden, es ist wichtig. Denn wenn wir wirklich an die Wurzeln unseres Verhaltens kommen wollen, dann müssen wir wissen, wie tief hinein in unseren nackten Überlebenstrieb sie reichen. Sonst sind wir wieder nur bei ein bißchen Kosmetik angelangt, nicht bei echten, dauerhaften Veränderungen.

Doch genau hier kommen unsere Selbstverantwortung, unsere Selbstheilung und unsere Schöpferkraft ins Spiel.

Erinnerst du dich? Ich habe dir versprochen, daß du lernst, deinen Seelenplan zu verstehen. Wenn du in irgendeinem Leben umgebracht wurdest, dann deshalb, weil du das auf hoher Ebene verabredet hast. Meistens wollen wir durch solche Erfahrungen etwas lernen, trotzdem zu vertrauen zum Beispiel. Manchmal wollten wir auch lernen, auf unsere Instinkte zu hören und uns nicht in eine gefährliche Situation zu begeben, aber im Eifer des irdischen Gefechtes haben wir es dann doch getan.

Die Sprache der Seele ist so anders als die der Angst, daß wir sie fast nicht verstehen können. Bei ihr geht es immer darum, zu mehr Liebe zu finden, ganz gleich, was du dir für dein irdisches Leben ausdenkst. Wir opfern, wie ich es schon einmal gesagt habe, relativ gelassen unseren Körper, wenn es um die Erfahrungen der Seele geht, denn wir alle, wirklich alle, dienen einzig und allein dem großen Schöpferplan der Liebe, des Lichtes und der Ausdehnung. Alles, was wir an Schwierigkeiten haben, egal, wie dramatisch sie aussehen, dient diesem Plan, auch wenn wir das gerade nicht glauben können.

Verstehe mich bitte auf keinen Fall falsch: Das heißt nicht, daß Mitgefühl nicht zum Plan gehört. Im Gegenteil. Das ist die innere Haltung, für deren Erlangung wir alle die schwierigsten Lektionen lernen müssen, denn es ist die Königshaltung des Herzens. Alles, was an Schrecklichem geschieht, dient letztlich dazu, uns in die Haltung von Mitgefühl zu führen, von tiefem, verständigem Mitgefühl. Das erweckt das Bewußtsein für Frieden und Liebe. Irgendwann werden wir einfach nicht mehr zulassen, daß noch jemand durch unser Zutun leidet, auch nicht indirekt, weil es uns durch unser Mitgefühl jedes Mal selbst berührt.

Wenn jemand leidet, ganz gleich, warum, dann braucht er Hilfe und hat unser Mitgefühl und unsere Unterstützung verdient, wie immer sie dann aussieht. Daß wir etwas auf der Seelenebene entscheiden, heißt dennoch nie, daß wir »selbst schuld« sind. Das, was der Bettler auf der Straße gerade an Erfahrung macht, kannst du dir deshalb vielleicht sparen, denn er fügt die Information in diesem Moment ja dem universalen kosmischen Speicher hinzu. Vielleicht hast du es auch längst hinter dir oder du entscheidest dich in deiner nächsten Inkarnation dafür. Sei sicher, daß es auch in deinem Leben stattfand, sonst würde es dich gar nicht berühren. Sag ihm lieber still danke, wenn du vorbeigehst, gleichgültig, ob du ihm Geld geben möchtest oder nicht. Auf höheren Ebenen kommt es an und würdigt seine Entscheidung, das gibt manchmal viel mehr Kraft als das mitleidige und schuldbewußte Hinwerfen von Almosen. Wenn du es willst und so spürst, dann gib ihm soviel Geld, wie du möchtest, aber nicht aus einem Schuldgefühl heraus.

Das unterstützt niemanden, sondern verwischt nur die reine Absicht und nährt die Opferhaltung. Das Geld ist dann wie vergiftet.

Erweise den Seelen, die die Erfahrung »Opfersein« machen, die Ehre, indem du dich innerlich

Lerne die Sprache deiner Seele kennen.

verneigst und »Ich achte dein Schicksal« denkst, indem du ihnen eine Lichtsäule schickst, damit sie den Weg nach oben wieder finden, und indem du ihnen dankst, daß sie es auf sich genommen haben, zum Wohle aller diese Erfahrungen zu machen.

Wie auch immer: Wenn du umgebracht (oder vergewaltigt oder verletzt oder verlassen) wurdest oder befürchtest, ganz gleich, wie unbewußt, in naher Zukunft umgebracht oder verletzt oder verlassen zu werden, dann nur, weil du es auf der Seelenebene entschieden hast. Anders geht es nicht. Du kannst nichts erleben, was du nicht auf der Seelenebene entscheidest, denn sonst hast du die entsprechenden Energiemuster nicht im Programm. Alles, was geschieht, hat eine bestimmte Frequenz, ganz physikalisch, eine bestimme Wellenlänge. Wenn sich eine Frequenz nicht in deiner Aura befindet, dann wirst du diese Erfahrung nicht machen, weil es keine Resonanz gibt.

Auf der Seelenebene aber können wir die Frequenzen

verändern. Du kannst hier und heute, genau jetzt, entscheiden, daß alle Programme, die nicht dem allerhöchsten Wohl dienen, von dir genommen werden. Du kannst entscheiden, daß du zu größtmöglicher Erfüllung und Liebe geführt wirst und daß alles, was dich noch daran hindert, aus deiner Aura gelöscht wird. Wenn du weißt, daß du dich auf höchster Ebene für Liebe und Erfüllung entschieden hast, wirst du frei, dein Verhalten zu verändern, du wirst überhaupt erst dann wirklich bereit dazu sein.

Wir lernen, neue Erfahrungen zu schöpfen.

Die spirituelle Wurzel allen irdischen Leidens ist, daß wir nicht wissen, was wir in unserem Seelenplan angelegt haben, und deshalb zitternd und in Opferhaltung warten, was geschieht. Diese Zeiten sind nun vorbei. Wir haben inzwischen Zugang zu den höheren Ebenen, die Tore sind geöffnet. Der siebte Schritt hat sich verändert. Wir bitten keine außenstehende Höhere Macht mehr um Hilfe, nein, wir gehen auf unsere eigene Seelenebene und bitten von ganz oben, neue Frequenzen der Liebe und der Erfüllung in unsere Aura hineinprogrammiert zu bekommen. Wir bitten um eine echte Operation, wir bitten Erzengel Michael, sein Schwert zu schwingen und unsere Aura, unser Energiesystem, von allem zu befreien, was unserem neuen Ziel der Liebe und größtmöglichen Erfüllung nicht mehr dient.

Jedes Mal, wenn wir nun bemerken, daß die alten Programme greifen wollen, daß wir uns auf eine überholte Weise verhalten wollen, halten wir inne und bitten Michael (oder wer dir sonst nahesteht), dieses Muster aus unserer Aura zu nehmen. Das ist keine nebulöse Spiritualität, das ist reine Physik: Du lädst die höheren Frequenzen ein, dein Energiefeld zu heben, die niedrigen Frequenzen aufzulösen und das Feld auf einer höheren Ebene einzupendeln. Das zieht Kreise bis in deine höchsten und tiefsten Schichten. Denn wenn du irgendwo anfängst, und sei es auch »nur«, daß du innehältst und nicht handelst wie bisher, veränderst du das Gleichgewicht. Dein Feld muß und wird sich nach einer kurzen Zeit der Verwirrung neu einstellen, es kommt zwingend in ein neues Gleichgewicht, das ist das Wesen des Universums (und der Sinn von Verwirrung).

Warum du dennoch Demut brauchst? Weil Demut die Eintrittskarte in die Ebene der Seele ist. Dein Ego muß leider draußen bleiben. Wenn du es dennoch mitnehmen willst, dann eben in der Haltung von Demut. Es kann und darf hier nichts beitragen, das sind höhere Ebenen, hier herrschen Liebe, Weite und Licht. Hier ist weder dein Kopf noch dein Bauch zu Hause, sondern dein Herz. Hier gibt es keine Bedürfnisse, hier bist du reif, erwachsen und voller Liebe und Schöpferkraft. Wenn du diese Ebene auch nur für eine Sekunde spürst, wirst du dich verändern. Später, beim elften Schritt, üben wir diese Verbindung, heute bitten wir zunächst in aller Demut darum, daß sie zu wirken beginnt, einverstanden?

Meditation:

(Diese Technik ist bekannt und verbreitet, du hast bestimmt schon von ihr gehört. Ich biete sie dir hier an, da sie hochwirksam ist.)

Stelle dir bitte eine Lichtsäule vor, ein flirrendes, gleißendes, weißes oder farbiges Licht, das heilen und reinigen kann. Es strömt aus der allerhöchsten Ebene des Gottesbewußtseins bis tief hinein in Mutter Erde. Nun schau, ob du dich in diese Lichtsäule, die sehr massiv und energiereich wirkt, hineinstellen kannst und willst. Vielleicht magst du zunächst einen Arm oder ein Bein hineinstrecken. Bitte nun, wenn du in der Lichtsäule stehst, daß alles, was nicht mehr zu dir gehört, aus deiner Aura genommen wird –

herausgebrannt, herausgetrennt, vielleicht auch
einfach aufgelöst. Vielleicht sieht es aus, als
steige dunkler Rauch auf, vielleicht kommt
tatsächlich Erzengel Michael und durchtrennt
alte Verbindungen und Verhaltensweisen. Wenn
du energetisch noch an jemanden gebunden bist,
der nicht gut für dich ist, weil er dich nicht liebt
oder zuviel Energie von dir abzieht, dann kannst
du jetzt diese Verbindung kappen lassen. Spüre,
wie du leichter und leichter wirst, so leicht, daß
du irgendwann in dieser Lichtsäule wie in einem
Fahrstuhl aufwärts schwebst. Dein Körper kommt
mit, wir lassen ihn nicht mehr zurück, auch er
will erleuchtet werden. Höher und höher
schwebst du, und irgendwann bist du auf der
Seelenebene angelangt.
Hier ist es ruhig, friedlich, und du spürst Weite,
Freiheit und Liebe. Bitte dich selbst, dir zu
begegnen, in der Form, die du auf dieser Ebene
hast. Vielleicht erscheinst du dir nun selbst als
Licht, als Engel, als ein bestimmtes Gefühl.
Hier oben hast du die Möglichkeit, neu zu entscheiden, was du auf der Erde verwirklichen
willst, und hier oben bist du so angeschlossen an
den Willen der göttlichen Kraft, daß du dir selbst
die Erlaubnis geben darfst. So spüre tief in dich

hinein, und nimm wahr, was du aus dieser
Freiheit und Weite heraus erschaffen willst.
Sprich es laut aus – es kann Liebe sein, Erfül-
lung, Frieden, was auch immer. Sprich es laut
aus, und füge am Ende, wenn du magst, »Amen«
oder »So sei es« hinzu. Nun schaue, was ge-
schieht, vielleicht durchströmt dich ein anderes
Gefühl, vielleicht ändert sich das Licht. Vielleicht
geschieht auch gar nichts; es erfordert ein
bißchen Übung, diese Ebene zu betreten.
Nun sieh, wie du langsam und ruhig wieder nach
unten schwebst, ein bißchen schwerer wirst.
Wisse, daß du nun neue Energie geschöpft hast.
Du hast den Grundstein gelegt, vollkommen
neue, erfüllende Beziehungen zu leben.

Für deine spirituellen Anteile ist dieser Vorgang eine
Selbstverständlichkeit. Für dein Ego aber fühlt es sich
an wie reine Gnade, und das ist auch richtig so.

Trotzalledem kann es natürlich sein, daß du nachts
im Bett liegst und das Gefühl hast, verrückt zu werden,
weil die alten Muster so stark sind. Doch das ist eher ein
gutes Zeichen, denn meistens sind sie um so deutlicher
zu spüren, je näher du an der Erlösung bist. In der Ho-
möopathie nennt man das »Erstverschlimmerung«, und

es zeigt, daß das Mittel greift. Die schlummernden Energien werden geweckt und beginnen, sich zu bewegen.

Manchmal werden wir sogar für kurze Zeit krank, wenn wir diesen Schritt gehen, der Körper wird außer Gefecht gesetzt, damit die Veränderung in Ruhe geschehen kann. Dann gewähre dir die Auszeit, und wisse, es geht voran.

»An der Tür, mit der du die Vergangenheit zuschließt, steht nur ein Wort: Vergebung. Denken wir daran, was Menschen alles mit Menschen machen, was Menschen alles mitmachen, dann kann Frieden nur durch Vergebung werden. Jedes Wort und jede Geste, die Vergebung schenkt, trägt zum Frieden bei.«

Phil Bosmans

Der achte Schritt

Werde bereit, deine unermeßliche Kraft zu nut-
zen, schließe deine offenen Kreise, und steig ab
vom Rad des Schicksals.

Zum Ausstieg aus dem Kreislauf des Schicksals gehört
besonders, daß wir die Verantwortung für das, was schiefgelaufen ist, endlich wirklich tragen und an der Stelle
um Vergebung bitten, an der wir Schaden angerichtet haben. Wir nehmen also zur Hand, was wir im vierten
Schritt aufgeschrieben haben und schauen, wo wir anderen und uns selbst etwas schuldig sind, aber auch, wo
unserer Ansicht nach andere noch in unserer Schuld stehen. Das alles zu bekennen ist eine Sache, aber jetzt geht
es darum, die alten Beziehungen zu klären, zu beenden
und zu reinigen. Sonst werden wir nie wirklich frei sein
für einen echten Neuanfang, weder mit dem Partner, mit
dem wir bereits zusammen sind, noch mit einem neuen.
In Familienaufstellungen ist das eine äußerst wichtige
und hilfreiche Technik. Der Lösungssatz lautet:

Ich danke dir für all das Gute, das ich von dir bekom-
men habe. Ich nehme es mit in meine Zukunft und hal-
te es in Ehren.

Und was du von mir bekommen hast, darfst du mit

in deine Zukunft nehmen. Für das, was zwischen uns schiefgelaufen ist, übernehme ich meinen Teil der Verantwortung, und deinen lasse ich ganz bei dir.
Und jetzt darf es vorbei sein.
Ich lasse dich jetzt ganz in Ruhe.

Wenn wir alles wiedergutmachen wollen, dann gehört dazu, die alten Schuldzuweisungen, das dauernde Darüberreden, wie sehr uns der andere verletzt hat, und den eigenen Opfertrip zu beenden. Besonders wichtig ist, anzuerkennen, wie sehr wir selbst möglicherweise noch immer verletzt sind und wie sehr wir vielleicht noch immer darum trauern, daß wir den anderen verloren haben oder daß erst gar keine Beziehung stattgefunden hat.

Schließe deine offenen Kreise, und steig ab vom Rad des Schicksals.

Vielleicht haben wir uns hinter bitterem, zynischem oder allzu vernünftigem Gehabe versteckt, aber haben wir den Schmerz wirklich zugelassen? Zum Wiedergutmachen gehört, uns selbst in die Arme zu nehmen, uns zu vergeben und zu entscheiden, daß wir von nun an liebevoller auch mit uns selbst umgehen.

Du kannst es auch so sehen: Auf energetischer, spiritueller Ebene schließt du damit den karmischen Kreis ab, du steigst vom Rad des Schicksals und brauchst diese Erfahrung im nächsten Leben nicht mehr zu wiederholen oder abzuschließen. Damit wirst du frei, auch auf allerhöchster Ebene wahrhaft neue Energien zu verwirklichen. Du tust deiner eigenen seelischen Entwicklung Genüge, du wirst vor dir selbst würdig weiterzugehen. Wir wissen auf hoher Ebene sehr genau, was wir tun, auch wenn wir es gern vor uns selbst verschleiern und schönreden wollen. Unsere Seele weiß ohne jeden Zweifel, in welchem Entwicklungszustand sie sich befindet. Der achte Schritt ist ein sehr wichtiger Schritt zur seelischen Reifung. Vielleicht zum ersten Mal in deinen vielen Inkarnationen bist du bewußt bereit, über deinen eigenen Schatten zu springen.

Wie aber erlangen wir nun Bereitschaft? Was ist zu tun?

Schreibe dazu eine Liste aller Personen, denen du Schaden zugefügt hast, sei es in Wort, Tat oder auch in Gedanken und Gefühlen. Dazu gehört auch, was du dir selbst angetan hast. In diesem Buch geht es zwar vor allem um Liebesbeziehungen, aber auch die Beziehungen zu den Eltern, zu Geschwistern und Freunden darfst du dir anschauen. Sie können sich äußerst störend auf deine Partnerschaften auswirken, wenn sie nicht frei und in Liebe erlöst sind.

Wenn du bei den letzten sieben Schritten ein ganz neues Energiesystem für dich gefunden hast, wenn du die

Bereitschaft in dir erweckt hast, dem Willen deines Herzens und deiner höheren Macht zu dienen, dann wird dir der Schritt des Wiedergutmachens (die Kirche nennt es Büßen) wie eine logische Folge vorkommen und das ist er auch. Dennoch verlangt er eine Extraportion Mut für die Bereitschaft und für die Liste. Zunächst brauchen wir ein bißchen Zeit nur für uns und unser Herz, damit wir nicht im Eifer des Gefechts neuen Schaden anrichten.

Nimm dir also den vierten Schritt noch einmal vor, und schau ihn dir genau an. Lege nun eine Liste all jener an, denen du Schaden zugefügt hast, dazu gehörst auch du selbst. Wenn du z.B. immer viel zu blond (oder zu dünn oder zu schwarzhaarig oder zu hilflos oder zu klug) warst, um die Aufmerksamkeit von Männern auf dich zu ziehen, dann hast du dich gegen deine wahre Schönheit versündigt. Dann weißt du nicht, wie schön du in Wahrheit bist, sondern hast dir ein Plakat um den Hals gehängt. Auch das ist natürlich okay, aber es dient weder deiner Klarheit, noch macht es dich liebenswerter. Wenn du so blond bist, weil du darauf stehst und dich damit einfach besser fühlst, okay, vielleicht ist es Ausdruck einer besonderen Kraft. (Bitte, sei sehr ehrlich, stimmt das wirklich? Dann ist es ja gut ...)

Wenn du aber glaubst, so aussehen zu müssen, um überhaupt liebenswert zu sein, dann geh durch den schmerzhaften Prozeß des Entzuges, und erlaube dir, für

eine Weile genauso auszusehen, wie die Natur dich gemeint hat. Laß für eine Weile alle Aufmerksamkeit hei-
schenden Signale los, und geh lieber in Sack und Asche,
als noch länger falsche, billige und gekaufte Energie zu
bekommen. Nach ein paar Monaten kannst du wieder so
blond sein, wie du willst, aber dann bist du nicht mehr
davon abhängig.

In diesem Schritt ziehst du deine Energie zu dir zurück, läßt überall da los,
wo noch Aufmerksam-
keit gebunden ist. Damit
wirst du kraftvoller und
freier, du bist von Tag zu
*Lerne, über deinen Schatten
zu springen.*

Tag besser in der Lage, dein Leben selbstbestimmt, in
Übereinstimmung mit deiner Höheren Kraft, zu gestalten.

In Familienaufstellungen kann man sehen, wie unendlich wertvoll und wichtig dieser Schritt ist. Gleichgültig, ob du anderen noch etwas schuldest oder sie dir:
Wenn das Konto nicht ausgeglichen ist, dann kannst du
nicht wirklich loslassen. Dazu gehört auch, daß du die
Liebe und das Opfer, das dir ein anderer gebracht hat,
vielleicht nicht wirklich angenommen hast. Es ist
manchmal schwieriger, etwas anzunehmen, als andauernd Energie abzugeben. So schau dir deine Liste noch

einmal genau an, besonders die Punkte, bei denen dir jemand etwas schuldig zu sein scheint: Stimmt das wirklich? Vielleicht ja, vielleicht aber hast du auch seine Art, dir etwas zu geben, nicht angenommen, weil es nicht das war, was du haben wolltest?

Wenn wir nicht geben *und* nehmen, wenn wir die Geschenke des anderen nicht wahrnehmen und anerkennen, dann kippt die Beziehung irgendwann zu Lasten desjenigen, der immer nur zu nehmen scheint. Seine Schulden werden so unerträglich, daß er es nicht mehr aushält. So gehört zu einer wirklich gesunden Beziehung, daß du auch das Nehmen lernst, ohne gleich wieder ein neues Konto aufzumachen und noch mehr zu geben, damit der andere ja schön in deiner Schuld bleibt.

> *Werde dir bewußt, daß Annehmen manchmal schwerer sein kann als Abgeben.*

Außerdem übernehmen wir nun natürlich die Verantwortung für unseren Teil, denn wer hat es denn erlaubt, daß er immer nur zu geben scheint, was immer das heißen mag? Diese Erfahrung hast du nun gemacht. Nimm sie ganz bewußt wahr, mit allem, was dazugehört, mit allen Gefühlen, allen Gedanken, jedem körperlichen Ausdruck, ganz gleich, was es ist. Auch deine Magengeschwüre und Herzbeschwerden gehören zu dieser seelischen

Erfahrung. Wenn du das alles wirklich zuläßt und wahrnimmst, schließt du die Erfahrung ab. Du kannst jetzt auf seelischer Ebene für Erfüllung sorgen und weitergehen, mit oder ohne jenen Partner. Das hört sich vielleicht leicht an, doch ich weiß durchaus, daß es das nicht ist. Dennoch stimmt es.

Du verstehst mich hoffentlich. Es geht gerade eben nicht um Schuldzuweisung, sondern darum, sehr ehrlich zu sehen, wem wir tatsächlich noch etwas schuldig sind, wer bei uns in der Kreide steht und wo wir vielleicht einfach nur endlich annehmen sollten, was uns der andere geschenkt hat.

Meditation:

Schließe deine Augen, und stelle dir deine Kraft als goldene Kugel vor. Viele Strahlen gehen von ihr aus, Strahlen, die in verschiedene Situationen, an verschiedene Orte und zu verschiedenen Personen führen. Außerdem strömen eine Menge Energiestrahlen in diese goldene Kugel hinein, teilweise geben sie dir Kraft, teilweise saugen sie an dir. Nun sage laut und deutlich (in Gedanken oder tatsächlich):

»Ich bin bereit, meine Kraft zu mir zurückzunehmen und neu zu entscheiden, wohin ich sie strömen lasse. Gleichzeitig lasse ich alles los, was nicht zu mir gehört.«

Stelle dir nun vor, wie du deine Energiestrahlen zu dir in die Kugel zurückziehst. Das geht bei einigen sehr leicht, bei anderen brauchst du vielleicht etwas Hilfe. Schick auch alle Strahlen, die von anderen zu dir strömen, zurück, du brauchst erst Klarheit, bevor du neu entscheidest, wem du welche Energie geben kannst und willst. Du wirst jetzt sehr deutlich spüren, wo du noch gebunden bist, wo die Strahlen nicht loslassen wollen.

Bitte jetzt, genau jetzt, deine Höhere Kraft, deine eigenen hoch schwingenden Anteile, um Unterstützung. Bitte darum, daß die Strahlen sanft immer dünner werden. Schau, was geschieht, spüre, wie du dich fühlst. Wenn Schuldgefühle kommen, dann gib dem, dem du deine Energie gerade entziehst, in Gedanken die Idee, seinen Strahl gleich ganz oben anzuschließen, an das höchste Gottesbewußtsein, nicht an dich. Wenn er es tut, gut, wenn nicht, dann ist es nicht deine Sache.

Irgendwann siehst du deine Kraft als glatte, glänzende, wunderschöne goldene Kugel, ohne nach außen strömende Energie.
Sie steht dir nun wieder voll und ganz zur freien Verfügung.

Genieße diesen Zustand, und schreib erst dann die Liste all jener, denen du Schaden zugeführt hast.
Schreibe deinen emotionalen oder geistigen Irrweg auf und deine Idee der Wiedergutmachung, in vollem Bewußtsein, daß ihr auf höherer seelischer Ebene verabredet seid und wißt, was jetzt zu tun ist.

»Sobald wir den
wahren Wunsch
haben, zu lieben,
fangen wir zu lieben
an.«

Franz von Sales

Der neunte Schritt

Mache alles wieder gut, bei anderen und bei dir, achte aber darauf, daß du damit nicht neuen Schaden anrichtest.

Vielleicht fühlst du dich durch diese Schritte so überschwenglich und voller Liebe, daß du am liebsten jedem um den Hals fallen und um Vergebung bitten möchtest. Vielleicht möchtest du auch selig lächelnd anderen vergeben, weil du inzwischen spürst, wie frei du dich dadurch fühlst.

Wundervoll.

Dann nimm schöne Karten, schreibe folgenden Text aus Schritt acht und schicke sie ab.

Ich danke dir für all das Gute, das ich von dir bekommen habe. Ich nehme es mit in meine Zukunft und halte es in Ehren.

Und was du von mir bekommen hast, darfst du mit in deine Zukunft nehmen. Für das, was zwischen uns schiefgelaufen ist, übernehme ich meinen Teil der Verantwortung, und deinen lasse ich ganz bei dir.

Und jetzt darf es vorbei sein.

Ich lasse dich jetzt ganz in Ruhe.

Vielleicht willst du auch viel genauer werden, geh ganz nach deinem Gefühl. Die Hauptsache ist, du tust etwas, was dir das Gefühl gibt, echte Wiedergutmachung zu leisten und die Verantwortung in die Hände zu nehmen, in die sie schon immer gehörte: in deine eigenen. Jetzt sind sie stark genug, diese Verantwortung auch zu tragen.

Mache alles wieder gut.

Herzlichen Glückwunsch, du bist jetzt frei, weiterzugehen.

Vielleicht aber packt dich nun auch der Hochmut. Wieso eigentlich sollst du etwas wiedergutmachen? Sind nicht immer zwei daran beteiligt? Ist auf der Ebene der Seele nicht jeder an seinem Schicksal schuld, hat es sich nicht jeder selbst gewählt?

Ja, liebste Seele, das stimmt.

Aber wozu? Doch bestimmt nicht, damit wir uns unsere Taten gegenseitig immer wieder um die Ohren hauen, oder? Woher weißt du, daß du dich nicht genau für diesen Schritt verabredet hast, um genau jetzt Demut und Selbstverantwortung zu lernen? Sind es nicht eher Angst und Scham, die dich abhalten?

Schau dir deine Liste an, stehst du an erster Stelle? Mit dir selbst kannst du sicher ganz leicht beginnen, oder?

Also, was brauchst du? Wo darfst du dir selbst vergeben? Wo darfst du dir, wie du es bei Schritt sieben gelernt hast, ein neues Drehbuch schreiben? Und möchtest du nicht gleich damit beginnen?

Was könntest du für dich tun, um dir das Gefühl zu geben, am Spiel der Liebe teilzunehmen, diesmal aber auf gesunde und erfolgreiche Weise?

Natürlich kannst du dir nicht den schönen Ritter oder die Traumprinzessin ins Wohnzimmer holen, aber du kannst dein eigenes Energiefeld öffnen und so bereit werden, eine Beziehung einzugehen.

Damit machst du deine frühere Verschlossenheit wieder gut. Vielleicht ist es aber auch an der Zeit, eine Beziehung zu beenden, die dich nicht nährt. Vielleicht ist es sinnvoll, ein Seminar zu besuchen oder eine Familienaufstellung zu machen. Alles, was dir das Gefühl gibt, dich in Richtung erfüllte Partnerschaft zu bewegen, ist jetzt an der Reihe, sei es ein Feng-Shui-Symbol in deiner Beziehungsecke (vom Eingang aus hinten rechts), ein Tantra-Kurs, ein paar schöne Accessoires, die dich mit Weichheit und Romantik verbinden. Oder vielleicht magst du eine Kontaktanzeige aufgeben? Hast du dich beim achten Schritt auf die Liste gesetzt? Und dahinter geschrieben, was nötig ist, damit du an dir selbst Wiedergutmachung leisten kannst? Dann tu das jetzt, ganz gleich, wie anstrengend oder auch sinnlos es dir erscheint. Spiel das Spiel der Liebe auf deine Weise, diesmal aber im Sinne deiner Höheren Macht. Laß dich vollkommen von ihr führen, und achte auf das, was sie dir sagt, wie unsinnig oder peinlich es dir auch erscheinen mag. Vielleicht will sie, daß du dir wunderschöne Kleidung kaufst, damit du dich wertvoll und schön fühlst, vielleicht will sie aber, daß du tatsächlich zunächst in »Sack und Asche« gehst.

Ich habe diese Übung nach einer äußerst schmerzhaften Beziehung, in der ich mich unglaublich angestrengt habe, hinter mich gebracht. Haare kurz, von Blond in dunkles Aschblond zurückgefärbt, kein Make-up, kein Nagellack, mit Sicherheit keine tiefen Ausschnitte. Kein verführerisches Verhalten, weder durfte ich mich unangemessen kümmern noch besonders aufmerksam zuhören, obwohl es mich nicht interessierte. Alles, was ich früher an verführerischen Maßnahmen, egal, wie unbewußt sie auch waren, eingesetzt habe, mußte ich unterlassen, um mich auf mich selbst zu reduzieren und zu genesen.

Zunächst kamen Scham darüber, wie gut ich es draufhatte, zu gefallen. (Ob das nun besonders erfolgreich war oder nicht, ist eine andere Sache, ich meine die Strategien, die ich völlig unbewußt anwendete, und Angst.) Ich fühlte mich nicht mehr wahrgenommen, wie ein Schatten, ungeliebt und außen vor. Der alte Kinderschmerz kam, ich fühlte mich nicht anerkannt, häßlich und – besonders im Vergleich zu anderen – wertlos. Nun »sollen« wir nicht vergleichen, aber wir tun es, das gehörte zum alten Spiel. Nach einer Zeit aber war es für mich unglaublich befreiend, nicht mehr schön sein zu wollen, sondern einfach ich selbst zu sein!

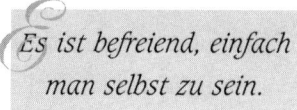

Es ist befreiend, einfach man selbst zu sein.

Jetzt bin ich wieder blond und habe lange Haare, aber ich brauche es nicht, ich könnte mir mit angemessenen Gefühlen die Haare abschneiden lassen. Ich spüre, wenn keine Energie fließt, und ich bin bereit, es dabei zu belassen und die Leere oder den Schmerz zu spüren. Ich lasse mich nicht mehr in meinen eigenen Kampf um Aufmerksamkeit hineinziehen, welchen meine Gefühle so lieben, weil er so vertraut und herrlich dramatisch ist. Der Preis ist immer zu hoch, denn ich zahle mit meiner Würde und mit echter Erfüllung.

Vielleicht aber geht es dir auch um etwas vollkommen anderes, du weißt das selbst am besten. Wir werden alle von einer sehr merkwürdigen Lähmung befallen, wenn es darum geht, endlich einmal etwas für uns selbst zu tun. Die Angst meldet sich und will uns in der sogenannten Komfortzone – das ist der emotionale Bereich, der sich vertraut anfühlt – sitzen lassen. Dieser Bereich ist nicht unbedingt weit und frei, aber vertraut. Mit unserem Schritt erweiterst du ihn beträchtlich.

Tu, was für dich selbst zu tun ist, und dann setz dich hin, und schreibe diese Briefe. Und wenn du nur den Lösungssatz verschickst, ist es schon wunderbar. Schreibe keinen Absender hintendrauf, wenn du befürchtest, den Brief nur wieder als Gelegenheit zum Anbändeln zu mißbrauchen, sondern nur deinen Namen. Beende, was zu beenden ist, sag danke, wo du genommen hast, bitte um Vergebung, wo du verletzt hast, und dann laß es los.

Du gehst diesen Schritt wie alle anderen zuvor voller Hingabe an deine liebende göttliche Kraft. Mehr als das, was du gerade tust, kannst du nicht bewirken, jetzt mußt du es loslassen. Du weißt nicht und du kannst nicht kontrollieren, ob dir der andere vergibt, das ist auch gar nicht der Punkt. Du schließt deine Kreise – und nur die. Wer dir nicht vergibt, hat seine noch nicht geschlossen, aber deine sind davon nicht mehr betroffen. Energetisch spielt es keine Rolle, was andere von dir wollen, wenn du dein eigenes Energiesystem in Ordnung bringst. Du veränderst durch das Wiedergutmachen die Frequenzen deiner eigenen

> *Wer nicht vergibt, bleibt Gefangener des Schicksals.*

Energie, verstehst du, du ersetzt Rachsucht, Haß, Schmerz, Schuld und Scham durch Liebe. Und weil sich dein Feld verändert, spielt das Feld der anderen keine Rolle mehr, du gehst einfach nicht mehr in Resonanz mit ihnen.

Natürlich sind klärende Gespräche die Krönung, das Sahnehäubchen beim Wiedergutmachen. Aber du kannst nicht darauf bauen, und du brauchst sie auch nicht.

Du hast mittlerweile so viel Übung, dich deiner höheren Macht anzuvertrauen. Du weißt, diese Schritte stehen im Einklang mit den allerhöchsten göttlichen Schwingungen. So trau dich, und bitte um Vergebung. Trau dich, die Geschenke der anderen anzuerkennen und endlich anzunehmen, trau dich, danke dafür zu sagen und wieder zu gehen. Ob du das per Telefon, in einem Brief oder gar in einem Gespräch schaffst, ist völlig gleich, du wirst es so gut machen, wie du es kannst, und das ist immer gut genug. Vielleicht ist manch schwerer Gang dabei, vielleicht gibt es eine Menge, für das du um Vergebung bitten mußt. Lies ein paar Bücher zu diesem Thema, möglicherweise helfen sie dir, die richtigen Worte zu finden.

Bitte um die Bereitschaft, auch anderen zu vergeben, wo du noch Rachegedanken hegst. Tobe dich vielleicht zunächst ein letztes Mal in einem geschützten Rahmen aus, aber dann geh den Weg der Vergebung. Tust du das nicht, wird es dir nicht gelingen, frei zu werden.

Der Nebensatz bei Schritt neun heißt: »... achte aber darauf, keinen neuen Schaden anzurichten.«

Was heißt das konkret?

Wenn du noch sehr an einem Menschen hängst, der dich vor einiger Zeit verlassen hat, dann solltest du dich hüten, Kontakt zu ihm aufzunehmen, nur um dich zum x-ten Mal zu entschuldigen. Das ist nicht wiedergutmachen, das ist hinterherlaufen, um doch noch Kontakt zu bekommen, um noch irgendeine Energie von ihm zu erhalten. Warte noch drei bis fünf Jahre damit. Wenn du etwas an ihm wiedergutmachen willst, dann, bitte, rede nicht mehr von ihm, und enthalte dich ganz und gar des schmerzlichen Kicks, den dir sein Name gibt. Mißbrauche nicht seine Energie, um dir selbst weh zu tun, nur, damit du überhaupt etwas spürst. Erlaube dir lieber, eine Zeitlang bewußt in Trauer zu gehen und die Leere wirklich wahrzunehmen. Es kann sehr hilfreich sein, so zu tun, als wäre jemand gestorben, denn genauso fühlt es sich möglicherweise an. Das ist dann deine Art der Wiedergutmachung. Du gibst dir die Erlaubnis, zu trauern und dich richtig schlecht zu fühlen. Nur so werden deine Selbstheilungskräfte wirksam werden, denn erst jetzt spürt dein emotionales Energiefeld überhaupt das Ausmaß des Verlustes.

Eine andere Sache ist, daß du nicht zu der Frau deines Geliebten gehst. Sie geht dich einfach nichts an, außer, du hast ausdrückliche Anweisungen von ganz oben. Wenn du etwas wiedergutmachen willst, dann, kläre die Verhältnisse, und spüre, ob du einen Geliebten haben willst, der seine Partnerin belügt. Wenn ja, dann stehe dazu und trage die volle Verantwortung. Jammere

Beschönige nichts, sondern steh zu dem, was du tust.

nicht, und glaub ihm nicht, daß er sich zu Hause unverstanden fühlt, es spielt keine Rolle. Beschönige nichts, sondern steh zu dem, was du tust. Du kannst machen, was du willst, solange du bereit bist, das gewählte Päckchen zu tragen. Dann wird es dir entweder nach einiger Zeit sowieso zu schwer, oder du erhältst in einem solchen Ausmaß deine Würde zurück, daß du keine Lust mehr hast, das Verhältnis eines Menschen zu sein, der eben nicht die Wahrheit sagt. Du kannst wirklich tun, was du willst, es ist dein Leben, und ich weiß sehr genau, wie leicht Liebe fließen kann, auch wenn die äußeren Umstände dagegen sprechen. Sie dann nicht zu leben kann auch nicht im Sinne einer liebenden göttlichen Kraft sein. Aber beschönige und beschwichtige nichts. Laß dich ein, worauf immer du willst, aber steh dazu. Nicht im Sinne von »Ich geb's ja zu«, sondern: »Ja, das ist im Moment meine Wahrheit.«

Dann verlierst du keine Kraft, und über kurz oder lang werden sich die Zustände wieder ändern. Du gibst deine Kraft und deine Würde nicht auf, verstehst du, sondern du bleibst in deiner Klarheit und tust, was du tun mußt. Dann wird deine Energie für sich selbst sorgen und dich auf die Dauer zu mehr Liebe und Erfüllung führen, wie auch immer das aussehen mag.

Meditation:

*Schreibe nun die Briefe, übe dich in Vergebung,
und führe die Gespräche, die anstehen.
Das führt dich unweigerlich in deine Mitte.*

Der zehnte Schritt

Handle von nun an aus dem Herzen. Wenn du spürst, daß du in alte Muster verfällst, dann halte sofort inne, und bitte auf der Stelle um Hilfe.

Eines weißt du, liebste Seele – du kannst nun das schädigende Verhalten nicht weiter beibehalten, nicht? Sonst gerätst du in eine üble Suchtschleife, du kennst das: Ein Alkoholkranker trinkt, kommt in diesen besonderen Zustand, schlägt seine Frau, wird nüchtern, entschuldigt sich tausendmal, gelobt Besserung und meint es auch so – und trinkt wieder. Alles beginnt von vorn. (Wenn du das öfter als dreimal mitmachst, bist du übrigens selbst krank.)

Was immer dein »Alkohol« ist, du mußt ihn nun stehenlassen. Wann immer du in alte Verhaltensschleifen und Schuldzuweisungen, in unbegründete Eifersucht oder auch in schwärmerisches, verführerisches Verhalten verfällst, bitte um Hilfe. Wiedergutmachung zu leisten ist kein Freifahrschein, nun nach dem selben Schema von vorne anzufangen. Erst jetzt bemerkst du vielleicht, wie tief sich dein Verhalten in deinen Alltag eingebrannt hat und wie schwer es dir wider besseres Wissen fällt, dich im Sinne deiner Höheren Macht zu verhalten.

Das macht nichts. Halte einfach inne, wenn du es bemerkst, und sei es mitten im Satz. Du weißt, du willst die alten Beziehungsspielchen nicht mehr spielen, wenn es also doch passiert, steig sofort aus.

Ich gebe dir hier die Unterscheidungsmerkmale zwischen echter Liebe und Fürsorge einerseits und einer Sucht andererseits, die sich Coabhängigkeit nennt, Beziehungssucht. Bei dieser Art von Sucht ist die Beziehung zum anderen immer wichtiger als die zu dir selbst. Du hast dann keinen guten Kontakt mit dir selbst und brauchst deshalb – wie ein Verdurstender das Wasser – die Energie von anderen, ganz gleich, ob du sie magst oder nicht. Diese Form der Sucht ist so weit verbreitet, daß man sie leicht mit Liebe verwechseln kann, aber das ist sie nicht. Liebe läßt immer frei, Coabhängigkeit wird zum Käfig.

Hier sind zwanzig Unterschiede zwischen Coabhängigkeit und Genesung. (Abdruck mit freundlicher Genehmigung von CoDa, der Selbsthilfegruppe für Coabhängige):

- *In der Coabhängigkeit hängen meine guten Gefühle davon ab, daß du mich magst.*
- *In der Genesung hängen meine guten Gefühle davon ab, daß ich mich mag.*

- *In der Coabhängigkeit hängen meine guten Gefühle von deiner Achtung meiner Person ab.*
- *In der Genesung hängen meine guten Gefühle von meiner Selbstachtung ab.*

- *In der Coabhängigkeit beeinflußt dein Kampf meine Ruhe und Gelassenheit.*
- *In der Genesung spielt dein Kampf für mich eine Rolle, weil ich mich um dich sorge, aber er kontrolliert nicht, wie ich über mich selbst empfinde.*

- *In der Coabhängigkeit wird meine Selbstachtung dadurch gestärkt, daß ich deine Probleme löse und deine Muster erkenne.*
- *In der Genesung kommt meine Selbstachtung daher, daß ich meine Probleme löse und manchmal meine Muster erfahre.*

- *In der Coabhängigkeit konzentriert sich meine Aufmerksamkeit darauf, dir zu gefallen.*
- *In der Genesung gefalle ich mir, selbst wenn es dir nicht gefällt.*

- *In der Coabhängigkeit konzentriere ich mich darauf, dich zu schützen.*
- *In der Genesung schütze ich mich, selbst wenn ich dich dadurch manchmal ungeschützt lasse, ich weiß, daß du auf dich selbst aufpassen kannst.*

- *In der Coabhängigkeit verstecke ich meine Gefühle, indem ich dich manipuliere, es auf meine Weise zu tun.*
- *In der Genesung sage ich die Wahrheit über meine Gefühle, unabhängig von den Konsequenzen.*

- *In der Coabhängigkeit schiebe ich meine Hobbys und Interessen beiseite, deine Interessen stehen im Vordergrund.*
- *In der Genesung verfolge ich meine Hobbys und Interessen, selbst wenn das bedeutet, Zeit von dir getrennt zu verbringen.*

- *In der Coabhängigkeit schreibe ich dir deine Kleidung, dein Verhalten und deine Erscheinung vor, denn du bist eine Spiegelung meiner Person.*
- *In der Genesung lasse ich zu, daß du dich kleidest, erscheinst und verhältst, wie du es möchtest, unabhängig davon, wie ich mich dabei fühle.*

• *In der Coabhängigkeit weiß ich nicht, was ich will, ich frage dich und bin mir nur darüber bewußt, was du willst.*

• *In der Genesung kenne ich meine Wünsche und Bedürfnisse nicht nur, ich spreche sie aus und handle, um sie zu erfüllen.*

• *In der Coabhängigkeit sind die Träume, die ich von der Zukunft habe, untrennbar mit dir verbunden.*

• *In der Genesung gehören meine Träume mir, selbst wenn du darin nicht vorkommst.*

• *In der Coabhängigkeit bestimmt die Furcht vor deiner Wut, was ich sage und tue.*

• *In der Genesung habe ich keine Kontrolle über deine Wut, und sie hat keine Kontrolle über mich.*

• *In der Coabhängigkeit nutze ich das Geben, um mich in der Beziehung sicher zu fühlen.*

• *In der Genesung kann ich geben, wenn es mir Freude macht, ich kann es aber auch lassen, weil es nicht der Furcht oder der Sicherheit dient.*

• *In der Coabhängigkeit verringern sich meine sozialen Kontakte, sobald ich mich mit dir einlasse.*

• *In der Genesung hoffe ich, daß du meine Freunde*

magst. Wenn nicht, werde ich es verstehen, und akzeptieren, mich aber weiterhin mit ihnen treffen.

- *In der Coabhängigkeit lege ich meine Werte beiseite, um mit dir zusammenzusein.*
- *In der Genesung gehören meine Werte mir; als Kern meines Seins sind sie unumstößlich.*

- *In der Coabhängigkeit schätze ich deine Meinung und deine Art, Dinge zu tun, höher ein als meine.*
- *In der Genesung schätze ich deine Art und dein Verhalten, aber nicht auf Kosten meiner.*

- *In der Coabhängigkeit steht die Qualität meines Lebens in untrennbarem Zusammenhang mit deiner Lebensqualität.*
- *In der Genesung gibt es klare Grenzen, die meine Lebensqualität von deiner unterscheiden und trennen.*

- *In der Coabhängigkeit sage ich alles frei heraus, suche Intimität gleich beim ersten Treffen, verliebe mich, ohne wirkliche Informationen darüber zu haben, wer du bist und was du beitragen kannst und willst.*
- *In der Genesung lasse ich mir Zeit, lasse Freund-*

schaften entstehen, ich bin nicht von dir überwältigt und kann unangemessenes Verhalten erkennen und darauf reagieren.

• *In der Coabhängigkeit übernehme ich automatisch die Verantwortung, wenn es sonst keiner tut, indem ich sage: »Einer muß es ja machen.« »Einer« bin immer ich.*

• *In der Genesung spüre ich, daß ich die Wahl habe, indem ich es an eine Höhere Macht abgebe und darauf vertraue, daß für den anderen gesorgt ist, auch, wenn es nicht durch mich geschieht.*

Wenn du mein Buch »Was dir Kraft gibt« kennst, dann langweile ich dich im Moment wahrscheinlich, entschuldige. Aber ich halte es für wirklich nötig, daß jeder auf diesem Planeten diese Unterschiede kennt, denn sie sind ein unendlich wichtiger Beitrag zur Genesung all unserer Beziehungen, im Kleinen, aber auch im Großen.

Also – was machen wir, wenn wir mitten im Satz erkennen, daß wir ein altes Muster durchziehen? Oder daß wir wieder einmal ja gesagt haben, obwohl wir nein meinten? Oder umgekehrt?

Hier ist eine gute Nachricht: Wir müssen nie B sagen, nur weil wir A gesagt haben, weder in Beziehungen, noch wenn wir jemandem helfen, und schon gar nicht im Bett. Wenn wir lernen wollen, im Fluß unserer eigenen Energie zu schwimmen, dann ist unser wichtigstes Bedürfnis, in jedem Moment zu spüren, ob wir noch mit uns selbst in Kontakt stehen. Du kannst nur dann eine wirklich erfüllende Beziehung führen, wenn du in jedem Moment präsent bist. Dazu gehört aber auch, daß du dich vielleicht anders verhältst, als der andere das gerne hätte. Du hast nun gelernt, immer besser zu spüren, was für dich richtig ist und was nicht, besonders aber, wo du dich nicht im Sinne deines Herzens verhältst. Nun steh dazu, in jeder Minute deines Lebens.

Denke nicht, daß du B sagen mußt, nur weil du A gesagt hast.

Was wäre, wenn du den Mann in deinem Bett anschaust, ihn liebevoll küßt und ihm die Wahrheit darüber sagst, ob du heute mit ihm schlafen willst oder nicht? Du brauchst nicht B zu sagen, nur weil er dir das Abendessen bezahlt hat.

Was glaubst du, was verletzt ihn ernsthafter: Wenn du seinen Stolz kränkst und ihn enttäuscht nach Hause schickst oder wenn du auf energetischer Ebene lügst, ihn in dem Glauben läßt, er sei willkommen, und seine Energie mißbrauchst, nur, damit er dich mag und – viel wichtiger – nicht böse wird? Und merkst du schon, worum es wirklich geht? Um nackte Angst. Denn wir alle wissen, was mit Frauen geschieht, die sich trauen, nein zu sagen, nicht? Es gibt schließlich genügend Filme und Romane darüber.

So, nun hast du den Salat. Du spürst dein Nein, und du spürst endlich das, was dahintersteckt, nämlich deine tiefe Angst vor dem, was kommt, wenn du zu dir stehst.

Und jetzt?

Laß mich dir zunächst noch ein Beispiel geben, damit du nicht glaubst, nur Frauen empfänden diese Angst:

Was machst du, wenn du geschafft nach Hause kommst, dich auf dein Bier und den Feierabend freust, deine Frau dich überschwenglich begrüßt und dir unbedingt etwas ganz Tolles erzählen will? Oder, noch schlimmer, wenn etwas passiert ist, was sie verletzt hat?

Eine böse Falle, nicht? Du weißt, wenn Frauen etwas ganz Tolles (oder gar etwas, was sie verletzt hat) erzählen wollen, dann wollen sie auch darüber reden, deine Meinung hören, es ausdiskutieren. Das ist nicht in drei Minuten getan. Was ist also mit Bier und Feierabend? Du brummelst vielleicht etwas vor dich hin, wirst mürrisch, gehst in den Keller, um deine Ruhe zu haben. Oder du setzt dich zu ihr, schaust interessiert und hältst dich mit Kommentaren schön zurück, weil sie sowieso alle falsch und männlich sind. Innerlich aber kochst du.

Deine Wahrheit wäre vielleicht: »Liebste, das ist bestimmt sehr wichtig für dich, aber ich brauche jetzt nichts nötiger als Ruhe und mein Bier, ob du das verstehst oder nicht. Erzähle es mir bitte später.« (Wenn es dich überhaupt interessiert.)

Was macht sie deiner Meinung nach, wenn du das sagst? Entweder du hast für die nächsten drei Tage Krieg, oder sie straft dich mit schweigender Verachtung. Das erinnert dich vielleicht so sehr an die Zurückweisung, die du als kleiner Junge von deiner Mutter erfahren hast, daß du es um keinen Preis der Welt aushalten kannst.

Also gibt es einen für beide total unbefriedigenden Kompromiß: Du hörst ihr zwar zu, verschwindest aber, so schnell du kannst, an deinen persönlichen Rückzugsort, den du dir mit Sicherheit eingerichtet hast. Beide sind vage enttäuscht, die Energie fließt nicht mehr, Liebe schon gar nicht, das wird wieder so ein nichtssagender Abend.

So, jetzt hast auch du den Schlamassel. Du spürst die Angst vor ihrer Zurückweisung und Ablehnung, dein inneres Kind beginnt schon jetzt zu schreien, du tust alles, um dein Bedürfnis nach Ruhe UND nach Liebe zu erfüllen …

Was machen wir jetzt?
Mal ehrlich, woher soll ich das wissen?

Aber ich weiß, wen wir fragen können, auch wenn wir das leicht wieder vergessen, wenn es hinsichtlich der eigenen Muster und Programme hart auf hart kommt. Wir sind nämlich genau am Punkt, genau an dem Punkt, wo wir Hilfe brauchen und wo es, wie ich ganz zu

Halte also zunächst einmal inne, und bemerke deine Gefühle und deine Bedürfnisse, das ist schon schwer genug.

Beginn sagte, um unseren seelischen Plan geht. Wenn du das vermasselst, dann hast du wieder eine Gelegenheit ungenutzt verstreichen lassen, etwas zu lernen, hast wieder Angst über Liebe gestellt.

(Und wennschon, dann übst du es eben morgen,. Mache es dir nur bewußt, und schreib es in den vierten Schritt. Dieser wird leider nie enden …)

Halte also zunächst einmal inne, und richte dein Augenmerk auf deine Gefühle und deine Bedürfnisse. Das ist schon schwer genug.

Und jetzt richte deine Frage nach oben, frage deine Höhere Macht, bitte sie um Führung, um Klarheit und um Kraft. Mit absoluter Sicherheit wird sie dir eine Antwort geben, die dir einen friedlichen, versöhnlichen und liebevollen Weg für euch beide zeigt, wie er besser nicht sein könnte.

Wenn sich der andere dann immer noch zurückgewiesen fühlt – okay, du kannst seine Gefühle nicht kontrollieren. Aber sie beeinträchtigen nicht länger dein Wohlergehen, weil du voller Kraft bist und innerlich Klarheit gewonnen hast.

Antworten aus deiner höheren Führung könnten sein:

• Zur Situation im Bett:
»Ich habe Angst, daß du dich zurückgewiesen fühlst und wütend wirst, aber ich spüre gerade, daß ich zwar die Energie des Augenblicks mit dir teilen will, doch mehr gerade nicht. Ich müßte mich sonst fast gewaltsam öffnen, und das tut uns beiden nicht gut. Wenn ich mit dir schlafe, dann soll es ein Geschenk meines Körpers und meiner Seele sein, und im Moment ist es für mich so genau richtig. Wenn es für dich okay ist, dann laß uns doch genau hier noch ein bißchen bleiben.«

Trau dich, endlich ja zu sagen, du kannst das mit dem Nein schon zu gut

In den meisten Fällen spüren beide die gleiche Energie, wenn sie sich wirklich dafür öffnen, und es entsteht echte Erleichterung und Nähe.

Vielleicht aber sagt dir deine Führung auch: »Trau

dich, endlich ja zu sagen, du kannst das mit dem Nein schon zu gut. Gib die Angst auf, er könnte dich nicht schön genug finden oder du könntest verletzt werden.« Dann war dein Nein gar nicht echt, sondern ein Ausdruck von Angst. Das läßt eine Höhere Macht, die ihren Job ernst nimmt, nicht gelten.

• Und im Falle des Mannes, der seine Ruhe haben will: »Mein Kopf ist so voll, Schatz, daß ich das gar nicht wirklich aufnehmen kann. Ich will ganz für dich da sein, wenn ich dir zuhöre – und das kann ich im Moment einfach nicht – so bitte, erzähle es mir, wenn ich mich ausgeruht habe. Ich habe Angst, daß du das nicht verstehst und mich zurückweist, aber ich brauche jetzt Zeit für mich.«

Und dann holst du dein Bier und machst, was du willst. So funktioniert das in gleichberechtigten Beziehungen, in denen jeder die Verantwortung für sein Wohlergehen selbst trägt.

Und weißt du, was? Wenn du das tust, dann bist du wahrscheinlich sehr viel schneller bereit, ihr wirklich zuzuhören, als du dir das vorstellen kannst, einfach, weil du dir erlaubt hast, zu dir zu stehen. Das setzt eine solch immense Kraft frei, daß wir letztlich viel besser für andere da sein können. Aber nur dann, wenn wir in uns spüren, daß unser Gefühl echt ist, keine angstgesteuerte Lüge. Wir sind soziale Wesen, das Bedürfnis, für andere dazusein, ist in uns verankert. Wir brauchen also keine Angst zu haben, egoistisch oder eigenbrötlerisch zu werden, im Gegenteil. Gerade weil wir uns endlich selbst geben, was wir brauchen, können wir sehr viel nachsichtiger, gelassener und liebevoller mit anderen umgehen. Denn jetzt sind wir nicht mehr auf Teufel komm raus abhängig von ihrer Energie.

Wenn deine Gefährtin das nicht versteht und sich zurückgewiesen fühlt, dann ist es ihr Problem, nicht deines, und es ist nur deine Angst vor Strafe, die dich umstimmen will. Du weißt, es geht hier nicht darum, um jeden Preis dein Ding durchzusetzen. Genauso funktioniert es nämlich natürlich auch andersherum. Immer dann, wenn du wahrnimmst, daß du dich zurückgewiesen fühlst oder unangemessen reagierst, hältst du von nun an sofort inne, fragst entweder beim anderen nach oder spürst in dich hinein. Wenn es sein muß, mitten im Satz. Wir können es uns durchaus leisten, völlig verblödet zu wirken, wenn wir dadurch erreichen, daß wir aufhören, die alten Programme weiter abzuspulen.

Also, steh ab sofort dazu, wenn du auf die alte Art reagierst, und entschuldige dich. Wenn du das nicht kannst, dann bitte immer wieder um Hilfe, und mach, wenn es nicht anders geht, eine Therapie. Wenn du zum Beispiel krankhaft eifersüchtig bist, wenn du andauernd Angst hast, betrogen oder belogen zu werden, dann hast du dieses Muster auch noch in deinem Energiesystem, selbst wenn es (wie es bei Familienaufstellungen herauskommen kann) vielleicht das Thema deiner Tante ist. In irgendeiner Inkarnation war es wichtig, daß du diese Erfahrung machst, aber heute nicht mehr. Gib diese Information mit der Meditation vom dritten Schritt zurück, und laß dir einen neuen Kristall geben. Programmiere ihn mit Vertrauen, Wahrhaftigkeit und Erfüllung, und laß ihn dir einsetzen.

> *Gib sofort zu, wenn du auf die alte Art reagierst, und entschuldige dich.*

Sei von nun an so ehrlich wie möglich. Wenn du dich bei alten, vielleicht peinlichen oder suchtartigen Verhaltensweisen ertappst, dann steh zumindest vor dir selbst dazu, und beschönige dein Verhalten nicht von neuem, nur, weil es nicht mehr so schlimm ist. Es ist die gleiche Energie, die gleiche Wurzel. Es ist für einen Alkoholiker gleichgültig, ob er ein Mon Chérie oder eine Flasche Schnaps zu sich nimmt. Das Ergebnis am Ende des Tages ist das gleiche.

Wenn du bei diesem Schritt angekommen bist, dann ist dir inzwischen vielleicht nichts wichtiger als dein eigener Seelenfrieden, und so sollte es auch sein. So laß alles sein, was dir den Frieden raubt, egal, was es ist, und egal, wie gewinnversprechend und aufregend es zu sein scheint. Genau diese falsche Aufregung trennt dich von echter Erfüllung. Die Erfüllung ist ruhig, harmonisch und erlaubt dir, bei dir zu bleiben. Für echte Erfüllung brauchst du weder zu lügen noch schöner, schlauer, besser oder reicher zu sein, als du es jetzt in diesem Moment bist.

Du erfüllst deinen Seelenplan, indem du in jeder Sekunde du selbst bist, ehrlich, wahrhaftig und ganz in Kontakt mit deinen Bedürfnissen. Warum, glaubst du, hat dir deine höhere Kraft gerade diese Bedürfnisse gegeben? Sie sind nicht getrennt von dem, was du auf der Erde willst, sie sind der Schlüssel und das, was dich zu deiner Erfüllung führt.

Wenn das innere Kind oder die mißhandelte Frau in dir also zu schreien beginnen, dann kümmere dich direkt um sie, anstatt deine Gefühle zu verdrängen. Geh von der Bühne, und fordere Erste Hilfe für sie an, was immer das für dich bedeutet. Frag oben nach, frag deine Höhere Macht, was du dir für diesen Fall ausgedacht hast. Du machst gerade einen so entscheidenden Systemwechsel durch, daß du ihn ganz sicher in dieses Leben, das du gerade lebst, einprogrammiert hast. Das hier ist kein Zufall. Diese Schritte stammen aus allerhöchster Quelle und erreichen dich erst, wenn du dafür bereit bist und wenn du es dir selbst so ausgesucht hast. Wenn du nicht soweit wärst, dann würdest du mich längst nicht mehr durch dieses Buch begleiten.

Also hast du dir auch Hilfsmittel an den Weg gelegt. Vielleicht gibt es erst jetzt die für dich richtige Therapie, vielleicht spürst du auch schon lange, was du brauchst. Nimm es. Unsere Höhere Macht drückt sich auch in irdischer Hilfe aus, laß dich von ihr führen, und mach von nun an nichts mehr ohne sie.

Meditation:

Schreibe bitte jeden Abend, bevor du ins Bett gehst, sehr ehrlich auf, wo du heute nicht ganz deiner Kraft gefolgt bist, wo du in alte Fallen getappt bist, wo du dich und deinen Partner unangemessen wahrgenommen oder behandelt hast.

Dann stelle dir vor, wie ein goldenes Energiefeld aus der Erde durch dich hindurchströmt, alles von dir nimmt, was nicht reine Liebe ist, und die eventuell schwere Last wie in einem goldenen Fischernetz nach oben trägt.

In den Sphären des Himmels wird es gereinigt und mit heilender Energie versorgt.

Du kannst es, wenn du magst, gleich noch einmal durch dich hindurchgleiten lassen. Es reinigt all deine Auraschichten bis in die Zellen hinein und nimmt alles von dir, was jetzt nicht mehr zu dir gehört.

Spätestens jetzt wird dir klar, in welchen Bereichen du heute schwer warst und aus Angst, nicht aus Liebe gehandelt hast. So kannst du nun um Vergebung bitten.

Wenn du das jeden Abend machst, dann wirst du dich schneller klar und rein fühlen, als du es dir beim Lesen auch nur vorstellen kannst. Außerdem spürst du sehr rasch, was dich beschwert, welche Situationen dich immer wieder an dunkle, schwere Energie binden. So wächst von Tag zu Tag deine Bereitschaft, sie hinter dir zu lassen, einfach, weil du jetzt spürst und siehst, was mit deinem Energiefeld geschieht.

Der elfte Schritt

Stärke die Verbindung zu deiner liebenden göttlichen Kraft, damit sie in deiner Beziehung wirksam werden kann. Übe, dein Bewußtsein so zu erweitern, daß du diese Kraft immer besser spüren kannst. Frage – wenn du es noch nicht spürst –, was ihr Plan für dich ist, bitte um Unterstützung und folge deinem Weg.

Kannst du dir auch nur im Ansatz vorstellen, was geschieht, wenn du tatsächlich einer liebevollen Kraft das Steuer in deiner Beziehung überläßt? Erlaube mir, dir ein Beispiel zu geben:

Du streitest mit deinem Partner über, sagen wir, die Autoschlüssel. Wie immer hat er oder sie diese verlegt, und wie immer ist er oder sie sich keiner Schuld bewußt. Du hast es eilig und bist wütend, weil du unter Zeitdruck gerätst. (Letztlich bekommst du gerade Angst, als unzuverlässig zu gelten, deshalb machst du so ein Gezeter ... Das nur am Rande.)

Auf einmal fällt dir ein, daß du ja deine göttliche Kraft in deine Beziehung einladen willst. Du hältst inne, eventuell mitten im Satz, und wendest deine Aufmerksamkeit nach innen. Du bittest um Hilfe, indem du einfach »Hilfe« denkst. Nun geschehen Wunder. Vielleicht bekommst du auf einmal ein inneres Bild, eine Ahnung, wo dieser Schlüssel sein könnte. Vielleicht hast du plötzlich die Idee, noch ein Päckchen Taschentücher einzustecken, und entdeckst dabei den Schlüssel. Verstehst du, was geschieht? Du trittst innerlich zurück und läßt zu, daß du konkrete und echte Unterstützung bekommst. Also folge auch scheinbar unsinnigen Impulsen.

Stärke die Verbindung zu deiner Höheren Macht.

Oder aber es geschieht etwas völlig anderes. Du spürst zum Beispiel, daß du diesen Termin, zu dem du so eilig mußt, sowieso nicht wahrnehmen willst oder daß du dich selbst viel zu sehr unter Druck setzt.

Bestimmt aber bekommst du den Impuls, dich bei deinem geliebten Partner zu entschuldigen. Nun fließt die Liebe wieder, die göttliche Kraft und du, ihr seid glücklich und das Leben geht weiter.

Was kannst du aber tun, um deine Verbindung zu deiner Höheren Macht zu stärken? Nun, das muß ich dir nicht erzählen, oder? Von Meditation bis zu Mantra-Gesängen, von Yoga bis zu Tantra gibt es inzwischen ein riesiges Angebot, in einen besseren spirituellen Kontakt zu kommen. Suche dir einfach was aus. Und dann praktiziere es. Es ist besser, sich jeden Tag für zwei Minuten hinzusetzen und still zu werden, nach innen zu lauschen und zu üben, die Stimme deiner höheren Macht zu hören, als in einem berauschenden Ritual einmal im Jahr den Mond anzubeten. Am besten machst du beides.

Es gibt aber etwas, das fast noch besser ist. Wir waren klug und vorausschauend, als wir gemeinsam das System der Dualität schufen. Wir haben uns Botschafter auserkoren, Wesen, deren Jobbeschreibung es vorsieht, als Vermittler zwischen dem Plan der allerhöchsten göttlichen Kraft, dem weißen Licht also, unserem eigenen kosmischen Seelenplan und uns als inkarnierten Seelen tätig zu sein. Sie tun den ganzen Tag und die ganze Nacht nichts anderes, als bereitzustehen, uns jede Minute zuzuflüstern, was wir uns für jede besondere Situation auf der Ebene der Seele ausgedacht haben oder gerade ausdenken. Sie tragen ihre Berufsbezeichnung im Namen, und sie stehen uns mit all ihrer Energie zur Verfügung. Du weißt schon, wen ich meine. Angulus, also Botschafter. Engel!

Wenn du sowieso ihre Dienste in Anspruch nimmst, dann ist das wundervoll. Bei diesem Schritt übst du einfach, ihnen noch genauer zuzuhören und sie viel häufiger zu fragen, und zwar immer dann, wenn du dich unangemessen verhältst. Engel kennen sich durch uns sehr gut aus mit irdischen Dingen. Sie schauen uns zu und speichern jede Information, jede Erfahrung, die wir machen, auf der Engelebene ab. (Wenn du selbst auf dieser Ebene spazierengehen kannst oder gar zu Hause bist, dann weißt du das sicher, wenn nicht, dann glaub es oder nicht, es spielt keine große Rolle.)

Vereinfacht ausgedrückt heißt das: Die Schöpfung ändert sich täglich, das Universum bringt sich selbst immer wieder ins Gleichgewicht, und immer neue Energien strömen auf die Erde. Erlösungsenergien, die du für dich nicht nur anfordern darfst, sondern irgendwann auch solltest. Wenn wir sie nicht anfordern, können sie auf irdischer Ebene nicht wirksam werden, denn niemand darf ungefragt in unser 3-D-Experiment eingreifen. Wir sind diejenigen, die die Energien rufen. Doch wenn wir sie erst gerufen haben, dann kommen sie unweigerlich und werden fest in diesen liebevollen Planeten installiert. Du rettest die Erde, wenn du dich selbst rettest, wenn ich das mal plakativ formulieren darf. (Im Universum braucht niemand gerettet zu werden, weil alles reine Energie ist, nichts geht verloren, es ändert nur den Ausdruck und die Form.)

So nutze diese Schar von Botschaftern, die nur dazu da sind, dir auf der Ebene, die jetzt für dich richtig ist, deinen eigenen Plan zu verdeutlichen. Auf der seelischen Ebene hast du dir für dieses Leben mit Sicherheit vorgenommen, zu lernen, wie man liebt, sonst würdest du dich nicht für dieses Buch oder für Beziehungen im allgemeinen interessieren. Damit bist du automatisch an eine riesige Energiewelle von Liebe und das Wissen über seelische und kosmische Verbindungen angeschlossen.

So bestehe darauf, in jeder Sekunde der beste, liebevollste und wahrhaftigste Ausdruck deiner selbst zu sein. Dann lebst du automatisch in der idealen Beziehung, denn du *bist* dann Liebe. Du bist ein Energiefeld von Freude, Erfüllung und Freiheit, und somit kannst du gar nichts anderes mehr verwirklichen.

> *Nimm die Hilfe von Engeln in Anspruch.*

Mehr gibt es nicht zu tun. All diese Schritte dienen nur dazu, zu dem zu werden, wie Dostojewski das so unübertroffen ausdrückte, was Gott gemeint hat, als er dich schuf.

Ich möchte dir hier etwas weitergeben, das ich in einer Meditation empfangen habe. Es berührt mich tief und beschreibt vielleicht auch das, was du weißt und nie fassen konntest. Es trifft den elften Schritt besser als alles, was ich mir ausdenken könnte, und es ist unsere gemeinsame Sehnsucht, die diese Informationen auf die Erde ruft.

So erlaube dir, die Worte in dich hineinsinken zu lassen, und erlaube dir, zu fühlen.

Meditation:

Vor langer Zeit, lange bevor du je zur Erde kamst, hattest du einen Seelenpartner, mit dem du tief vertraut warst und nach dem du dich noch immer sehnst. Ihr hattet viele gemeinsame Inkarnationen auf verschiedenen Planeten, auch auf der Erde, als ihr noch im bewußten Einklang mit den spirituellen Gesetzen lebtet. Dann entschieden wir alle gemeinsam, das Experiment der Dualität in seine nächste Phase gleiten und hinabsinken zu lassen, in die scheinbare Trennung von göttlicher Kraft, Gnade und Fürsorge. Tiefer und tiefer glitt die Erde gemeinsam mit euch hinab in dichtere und dichtere Schwingungen. Ihr entschiedet auf hoher Ebene, welche Seele dem Weg in die Dualität hinein folgte und welche nicht. Es war meist die mutigere oder neugierigere von beiden, die das tat. Die andere bewahrte die Energie der Sehnsucht, den Anker der Rückverbindung an die göttliche Kraft. Nicht,

daß ihr je wahrhaft getrennt wart! Ihr habt auch
auf der Beziehungsebene einen Anker für euch
geworfen, um den Weg aus der Dichte und aus
der scheinbaren Getrenntheit von Mann und Frau
zueinander zu finden. Ihr habt in jedem Bereich,
den ihr erlösen wolltet, einen Anker der Sehnsucht geworfen, indem ihr einen wichtigen
Baustein zu Hause gelassen habt, so auch im
Bereich Liebe und Beziehungen.

So ist es jetzt Zeit, euch für euren Seelenpartner
zu öffnen. Viele haben sich inkarniert, um das
Schauspiel der Erlösung gemeinsam zu erleben,
viele sind bereits auf der neuen Erde, in der
neuen Frequenz von Liebe, Erfüllung, Leichtigkeit und Wahrhaftigkeit, um von dort aus neue
Beziehungsformen zu installieren. Ihr alle seid
jetzt bereit, eine neue Form zu finden, euch ganz
neu aufeinander einzulassen, aus der Dichte
aufzutauchen und euch mit vollkommen neuen
Augen zu sehen. So öffnet euch, die ihr auf der
Erde inkarniert seid, öffnet euch für euer tiefstes
Sehnen, für die Sehnsucht im Herzen, öffnet
euch für euren Seelenpartner, und steigt auf im
Prozeß der Verschmelzung. Je weiter ihr euch
öffnen könnt, je bereiter ihr seid, euch auf eure
Sehnsucht und euren Schrei nach tiefer seeli-

scher Verbindung einzulassen, desto schneller
wird euer Herz geläutert und rückverbunden an
das alte Wissen, diesmal aber in jenem einzigarti-
gen Bewußtsein, das nur die erlebte Dualität
verleiht.

Eure Seelenpartner rufen euch, um jetzt die
Verbindung wiederherzustellen, ganz gleich, ob
sie auf der Erde sind oder nicht.

So öffnet euer Herz, und erlaubt dem Ruf, euch
zu berühren, euch zu erschüttern, euch aus
eurem Dornröschenschlaf zu wecken.

Jetzt, genau jetzt ist die Zeit, wieder ganz und
heil zu werden, die Teile, die aus lauter Sehnsucht
und Schmerz nicht mit auf die Erde gekommen
sind, zu rufen, damit ihr in voller Erfüllung leben
könnt. Gleichgültig, ob euer Partner auf der Erde
weilt oder nicht, ihr könnt ihn jetzt treffen und
wieder an eurer Seite spüren. Ihr seid multi-
dimensionale Wesen, die alten Wege funktionieren
noch, ihr kennst sie, ihr braucht euch nur zu
erinnern. Neue Wege wurden geschaffen, die Tore
stehen aufgrund eures langen Weges in die
Dichte hinein und wieder zurück für immer offen.
Das Experiment ist abgeschlossen. Ihr könnt nun
eure Masken, Verkleidungen und Abspaltungen
aufgeben und alle Seelenteile zu euch rufen.

Wir verankern euch als Gefährt, als Erinnerung, als Unterstützung in diesen Zeilen ein Licht, ein Tor, eine Öffnung, durch die ihr hindurchgehen könnt.

So schließe nun die Augen, und lasse das Licht aus dem Buch aufsteigen, spüre seine Kraft, und sieh vor dir genau das Sternentor, das deines ist, durch das du einst zur Erde gekommen bist und durch das du jetzt alles auf die Erde holst, was du damals zurückgelassen hast.

Strahlend und schön steht dein Seelengefährte in diesem Tor, er hält die seelische Energie, die du bei ihm gelassen hast, um den Weg zurück zu finden. Wie ein Unterpfand erhältst du sie nun zurück, und sie strömt in dein Herz hinein. Nun bist du wieder angeschlossen, nun bist du heil und ganz, angekommen zu Hause.

So sei es, geliebtes Wesen. Amen.

Wunderschön, oder?

Du brauchst das nicht unbedingt zu verstehen oder zu teilen, wenn du nur zuläßt, davon berührt zu werden. Ganz gleich, was du glaubst und auf welche Art du deine Spiritualität ausdrückst, gib jener Energie eine Chance, die jetzt, in diesem Moment, in dich hineinströmen will. Wenn es sich nicht gut anfühlt, dann sag einfach: Stop. Vielleicht spürst du auch gar nichts, bekommst aber im Laufe des Tages Informationen, Ideen, ein anderes Gefühl. Du wirst angeschlossen an diese riesige Welle von Liebe, von der ich vorhin sprach. Die kosmischen und energetischen Informationen, die wir brauchen, um auf der Erde in erfüllten Beziehungen zu leben, sind auch hier gespeichert.

Wenn wir diese Energie auf der Erde manifestieren, alle gemeinsam, aber dennoch so, wie es für jeden einzelnen richtig ist, dann erschaffen wir uns das Paradies auf Erden. Dann werden unsere Beziehungen zum Spielfeld gelebter Liebe, lebendiger göttlicher Schöpferkraft. Außerdem werden wir, wenn wir uns täglich mit unserer höheren Macht, mit der Liebe selbst, verbinden, immer mehr Liebe in unserem Energiefeld halten können. Damit sind wir selbst immer genährter, können immer mehr weitergeben und fühlen uns immer satter und reicher, erfüllt von Liebe und Kraft.

Und deshalb sind wir doch hier, oder?

Schritt zwölf

Gib die Botschaft der Liebe weiter, indem du Liebe bist.

Nein, nicht indem du deinen Liebsten, deine Liebste mit andauerndem Gerede über Liebe nervst. Sondern indem du immer und unter allen Umständen aus der Liebe heraus handelst. Werde bereit, den ersten Schritte auf deinen Partner zuzugehen, wenn eine Situation in deiner Beziehung zu verhärten droht. Mach dich bereit, derjenige zu sein, der das Eis erst gar nicht entstehen läßt, derjenige, der auf den anderen zugeht. Rechne das nicht mehr auf, und erlaube dir, deine Bereitschaft zu Frieden und Liebe innerhalb deiner Beziehung nicht länger als Schwäche wahrzunehmen. Für das Ego klingt das so, als würdest du damit ungeheuer verletzlich werden. Bist du aber mit deinem Herzen verbunden, dann fühlst du dich vollkommen getragen und reagierst voller Klarheit und Wahrhaftigkeit.

Du wirst jetzt, nachdem du diese Schritte gegangen bist, wahrscheinlich überall Menschen erkennen, die auf (womöglich sogar deine) alte Weise reagieren und handeln.

Es wird dir vorkommen, als sei die ganze Welt verrück, jeder hat für dich völlig durchschaubare Verhaltensweisen. ›Wenn sie nur wüßten, was ich weiß‹, denkst du vielleicht und reibst ihnen die zwölf Schritte unter die Nase. Das ist wie Missionierung und nervt wirklich nur.

Also. Wie machen wir das, die Botschaft weitergeben, und wozu? Was genau ist überhaupt die Botschaft?

›Lebe aus dem höchsten Energiefeld heraus, das du überhaupt nur halten kannst, laß reine Liebe durch dich fließen, soviel du nur kannst, und hör mit allem anderen einfach auf.‹

Das ist die Botschaft. Das hört sich fast nach Jesus an, nicht? Nun, er verkörperte ein reines Energiefeld aus Liebe, also hört es sich natürlich so an.

Um die Botschaft zu verbreiten, brauchst du allerdings weder in die Wüste zu gehen noch Jünger um dich zu versammeln. Der zwölfte Schritt meint nur: Trau dich, zu sein, was du bist, ganz gleich, wo du bist. Wenn du selbst ein Energiefeld der Liebe bist, dann sei es, wo du gehst und stehst. Du *bist* dann die Botschaft, du selbst, und zwar durch das, was du ausstrahlst und was in jedem deiner Worte mitschwingt.

Du kannst dir vorstellen, daß dieser Schritt ziemlich leicht mißverstanden werden kann. Nein, du sollst bitte nicht jedem verzückt mitteilen, daß er aus dem Herzen heraus leben soll, das versuchen wir alle. Wenn wir es besser könnten, würden wir es besser machen. *Sei* einfach Liebe. Nimm andere ernst, auch in ihrer Angst.

Du weißt, was für eine Herausforderung dieser Schritt für dein Ego sein kann. Du bist jetzt so toll und erleuchtet, daß du einfach besser bist als die meisten, die dich umgeben, nicht? Du hast also die heilige Pflicht, sie zu kritisieren und zu verbessern.

> *Gib die Botschaft der Liebe weiter, indem du Liebe bist.*

Weißt du, was, liebste Seele? Wenn sich sogar die göttliche Kraft raushalten kann und den freien Willen respektiert, dann kannst du das auch, oder?

Wenn du in der Liebe bleibst, in diesem Feld aus Licht, dann macht es dir nichts aus, wenn andere neidisch, herrschsüchtig oder krittelig sind. Und wenn du spürst, du kannst dein Feld nicht mehr aufrechterhalten, dann gehst du. Du darfst dabei sehr ehrlich sein, du darfst ruhig sagen, daß du es nicht erträgst, wie sie miteinander umgehen, aber laß sie sein, wie sie sind. Hier macht der Ton, also deine wahre innere Haltung, die Musik. Es ist ein riesiger Unterschied, ob ich ruhig und klar bin und einfach gut für mich sorge oder ob ich aus Verzweiflung gehen muß. Wenn du es nicht erträgst, wie Menschen in deiner Umgebung miteinander umgehen, dann gibt es zwei Möglichkeiten:

Entweder du lebst tatsächlich in einem sehr niedrig schwingenden Energiefeld, dann wirst du über kurz oder lang gehen müssen, wenn sich nichts ändert. Versuche es mal mit Beten, dadurch geschehen wahre Wunder, und sei es auch »nur«, daß du die Kraft bekommst, dich zu verabschieden.

Nähe und Offenheit stecken an.

Oder du bist noch sehr verletzt und merkst es nicht. Wenn wir zu sehr am Leid anderer teilhaben, uns dadurch zu sehr von unserer eigenen Energie ablenken lassen, dann stehen wir auf irgendeiner persönlichen Ebene in Resonanz damit. Und damit vergrößern wir letztlich das Leid auf diesem Planeten. Es hört nämlich genau dann auf, wenn es diese Frequenz nicht mehr gibt, weil sich jeder energetisch darüber erhebt, also auf die Frequenz des Mitgefühls und der Liebe wechselt.

Wenn du also spürst, daß du tiefer berührt wirst, als es den Umständen angemessen scheint, dann bleib ehrlich, und sag deine Wahrheit. Dann sind es nämlich nicht die anderen, sondern es ist dein Schmerz. Wenn du genau das sagst und dabei in deiner Kraft bleibst, dann gehst du den zwölften Schritt. Du zeigst dich, schiebst keine Verantwortung von dir und sorgst gut für dich.

Das ist die Brücke für andere, selbst ehrlich sein zu

können, und genau deshalb geben wir die Botschaft weiter. Du wirst verwundert sein, wie ansteckend sie ist.

Es genügt also, wenn du einfach bist, wie du inzwischen bist. Jeder Mensch kennt (vielleicht unbewußt) die Frequenz der Liebe, weil jeder aus derselben Quelle stammt und jeder im Kern das gleiche Energiefeld hat (oder ist). Es gibt im Universum nichts anderes als göttliche Kraft in all ihren Offenbarungen und Erscheinungen. Je mehr du dich dieser Ebene näherst, desto tiefer berührst du die Menschen in ihrem Ursprung, in ihrem Sein. Wenn sie dich dann fragen, was du machst, kannst du immer noch darüber reden. Du berührst nun durch deine Ausstrahlung Menschen auf einer Ebene, auf die du mit Reden nie kommen würdest. Wenn du redest, antwortet dir der Verstand des anderen. Wenn du aber einfach da bist, reagiert das Herz.

Meditation:

Setz dich oder leg dich hin, mach es dir bequem, bleibe aber so wach wie möglich.
Nun öffne deine Energiefeld, stell dir vielleicht eine Lichtsäule vor, die dich mit dem allerhöchsten Gottesbewußtsein verbindet, oder bitte

darum, auf deine seelische Heimatfrequenz
gehoben zu werden.

Werde still, und spüre dich, nimm deinen Körper
mit in diese Erfahrung, sonst verankerst du die
Liebe wieder nicht auf der Erde.

Spüre, wie du immer leichter wirst, wie dein
Körper vielleicht kribbelt, wie dir wärmer wird.
Wenn du angekommen bist, spürst du es. Es wird
ruhig und sehr still und weit. Vielleicht siehst du
Licht, oder du erkennst Engel um dich herum.
Tauche ein in diese Weite und Stille, tanke Kraft,
und wenn du soweit bist, dann bitte darum, mit
reiner Liebe erfüllt zu werden, jede Zelle, jede
Faser deines Seins. Öffne besonders dein Herz,
atme hinein. Hier ist der Raum, in dem die
Schwingung »Liebe« energetisch verankert wird.
Halte es für möglich, daß jede deiner Zellen von
den Haarspitzen bis zu den Füßen mit reiner
Liebe erfüllt wird, so lange, bis du sie aus jeder
Pore in die Welt hinausstrahlst. Nun bitte darum,
daß dieser Strahl aus Liebe dauerhaft in dir
verankert wird, damit du ihn nicht mehr verlieren kannst.

Wenn du magst, dann schicke den Strahl durch
dich hindurch bis hinein in die Erde. In der Erde
gibt es ein Kristallfeld, einen Ort, an dem es licht

und weit ist. Überall glitzert und funkelt es. Du fragst, welches dein Kristall ist, und nach ein paar Atemzügen spürst du es. Vielleicht glüht er auf, vielleicht siehst du ihn plötzlich. Nun schicke den Strahl der Liebe aus deinem Herzen hinein in deinen Erdkristall. Schau, was geschieht. Vielleicht strahlt er auf und beginnt nach einer kleinen Weile, Energie zurückzusenden.

Binde diesen neuen Strahl im Herzen an, und bitte noch einmal darum, auf die Ebene deiner Seele gehoben zu werden. Nimm wieder deinen Körper mit. Nun laß dir zeigen, wo du den Strahl deines Erdkristalls verankern darfst. Wenn du keine Antwort bekommst, dann stelle dir einen Kristall ähnlich dem der Erde vor, und schicke den Strahl hinein.

Nun hast du deine Seelenebene mit der Erde verbunden, du hast eine Verbindung zwischen Himmel und Erde geschaffen. Weise beide Kristalle an, von nun an selbständig Informationen und Energie auszutauschen, dann weißt du, der Prozeß läuft, auch wenn du gerade nicht daran denkst.

Bleib im Feld der Liebe, wenn du deine Aufmerksamkeit zurück in deinen Körper bringst, zurück

in den Raum, in dem du dich befindest.
Du bist nun die Botschaft der Liebe und kannst
in diesem Zustand gar nicht anders, als in Liebe
zu denken, zu fühlen und zu handeln.
Mehr gibt es nicht zu tun, nie.

Diese Meditation kannst du öfter wiederholen, sie wird jedes Mal anders sein, sehr feinstofflich, wenn du geistig klar bist, kraftvoll und mit leuchtenden Farben, wenn du viel körperliche Arbeit leistest.

Liebste Seele, ich darf mich nun von dir verabschieden. Ich hoffe sehr, ich konnte dir ein bißchen Unterstützung sein in dem großen Plan, den wir alle gemeinsam verwirklichen, jeder auf seine Weise. Darf ich dir zum Abschluß noch ein paar Worte von Gaia sagen, dem Wesen, das sich uns als Erde zur Verfügung stellt?

Geliebtes Sternenwesen,
geliebtes Menschenkind,
geliebter Engel,

ich bin überglücklich, aufwachen zu dürfen und
euren wundervollen Prozeß am eigenen Leib,
denn das ist dieser Planet, erleben zu dürfen. So
vergebt euch, wo ihr glaubt, mir unrecht getan
zu haben. Ich wußte, worauf ich mich einließ,
als wir gemeinsam in einem großartigen
Schöpfungsakt dieses Universum schufen. Was
hätte mein Dasein für einen Sinn gehabt, wenn
ihr nicht all eure Experimente und sogenannten
Fehler begehen könntet? Wir haben gemeinsam
um Erleuchtung gerungen, gemeinsam sind wir
aus der Dunkelheit zurückgekehrt zum Licht.
Auch ich habe mich in der Illusion der Dichte
verfangen, auch ich glaubte lange Zeit, ich wäre
diese Erde und sonst nichts. Durch euch erwache
auch ich, durch euch und eure unglaubliche
Kraft und Liebe beginne ich, mich zu verändern.
Ihr kennt den Prozeß der »neuen Erde«, nun, das
bin immer noch ich, aber in erhöhter Frequenz.
Ihr werdet euren Müll irgendwann nicht mehr in
meine Flüsse kippen können, weil ihr mich liebt,
weil ihr mich aus tiefstem Herzen liebt, und erst

*dann tut ihr es aus dem richtigen Grund. So
lange warte ich sehr gerne, denn ich weiß ja
selbst, wie grausam und trennend »die Erde«
wirken kann. Nun, es ist nicht »die Erde«, sondern es sind die niedrigen Frequenzen, die zu
dieser Form meiner selbst geführt haben. Ich
habe wie ihr darunter gelitten, auch ich bin ein
hochspirituelles, geistiges Wesen, was sonst?
So verdammt nicht meine Energie, sondern habt
Mitgefühl, wie ich mit euch mitfühle. Wir sind
eins, wir haben nur andere Körper, ich bin wie
ihr, ich bin ein multidimensionales Wesen.
Verbindet euch mit mir, ja, verbündet euch mit
mir, nehmt mich in euren Meditationen mit, und
trennt euch nicht von mir ab.
Das ist unser Vertrag. Ich habe meinen Teil
erfüllt, indem ich mich euch zur Verfügung
stellte, jetzt seid ihr an der Reihe. Gemeinsam
schaffen wir den Aufstieg in eine neue Dimension. Ihr braucht nun die zweite Hälfte des Vertra-
ges, sonst erlösen wir nicht die materielle Dimension. Bitte, denkt an eure Körper, wenn ihr in
höhere Ebenen geht, und nehmt sie mit, laßt das
Licht in jede Zelle einfließen und, wenn ihr wollt,
auch in meinen Körper, hinein in das Kristallfeld
oder wie immer du meine Mitte wahrnimmst.
Trennt euch nicht wieder ab und verlaßt eure*

Körper, wie wir das lange Jahre hindurch getan haben, um zu üben. Jetzt kannst du es, jetzt ist der richtige Zeitpunkt, die materielle Ebene mit nach oben zu nehmen. Dann brauchst du dich nie wieder zu »erden«, denn du bist immer du, mit allem, was du bist, Körper, Geist, Seele, multidimensionales Sein.

So laßt uns auch diesen Schritt wie immer gemeinsam gehen, aber diesmal bewußt Seite an Seite.

Ich liebe euch und bin zutiefst glücklich, nach diesem langen Weg endlich mit euch in Bewußtheit vereint zu sein.

Vergebt mir, wo ihr euch durch mich gebunden gefühlt habt, und nehmt wahr, daß es die Dichte war, nicht meine Energie, nicht meine Seele, nicht das, was ich bin. Dann können wir in Frieden und echter Erlösung weitergehen. Ich bin nicht mehr fremd oder schwierig, sondern ich bin wie ihr eine Mitwirkende eines weiteren gelungenen Experimentes der Schöpfung.

In tiefster, immerwährender Verbundenheit,
Gaia

Dem will und kann ich nichts mehr hinzufügen. Ich danke dir sehr dafür, daß du uns zugehört hast, liebste Seele.

Anhang

Es gibt so viele Bücher, die mich inspirierten, über lange Jahre begleiteten und es noch immer tun, daß ich dir hier nur die für mich wichtigsten nennen kann. Besonders am Herzen aber liegt mir inzwischen das Internet. Es gibt ein paar Seiten, die ich sehr, sehr schätze und immer wieder aufrufe, und ich danke an dieser Stelle all den wunderbaren Frauen und Männern, die voller Liebe und Hingabe immer am spirituellen Puls der Zeit sind.

Doch zunächst die Selbsthilfegruppen:

Liste der 12-Schritte-Selbsthilfegruppen

(Diese Gruppen gibt es in fast allen Städten, Telefonnummern erhältst du bei NAKOS.)

AA (Anonyme Alkoholiker)
NA (Narcotics Anonymous, anonyme Drogenabhängige)
CoDa (Codependants Anonymous, anonyme Coabhängige
und Beziehungssüchtige)
SLAA (Sex and Love Addicts Anonymous, anonyme Sex-
und Liebessüchtige)
AS (Anonyme Sexsüchtige)

OA (Overeaters Anonymous, anonyme Überesser; Mager-
süchtige und Bulimiker sind willkommen)

GA (Gamblers Anonymous, anonyme Spielsüchtige)

EA (Emotions Anonymous)

Al Anon (erwachsene Kinder von Alkoholikern, Angehörige von
Suchtkranken)

Alateen (Kinder von Alkoholikern)

*Nationale Kontakt- und Informationsstelle zu allen
Selbsthilfegruppen: (NAKOS)*

(Diese Kontaktstelle gibt keine Informationen über die Gruppen
selbst, sie führt auch keine Beratungsgespräche durch.)

Selbsthilfegruppen in Deutschland

NAKOS: Allgemeine Information, Aufklärung, Kontakte

Tel. 030 / 31018960 (Di Mi Fr 9–13, Do 13–17.00 Uhr)

Fax: 030 / 31018970; E-Mail: selbsthilfe@nakos.de

Internet: www.nakos.de

Viele Selbsthilfegruppen haben Internetseiten, du findest sie mit
Hilfe einer Suchmachine.

Buchempfehlungen

Melody Beattie:
Mut zur Unabhängigkeit
Kraft zum Loslassen
(Sie beschreibt ihre Art, mit den
12 Schritten umzugehen, sehr
eindrücklich und so, daß man
sich gut darin wiederfindet.)

Robin Norwood:
Wenn Frauen zu sehr lieben
(Unglaublich gutes, ehrliches
Buch über Coabhängigkeit, die
heimliche Sucht, gebraucht zu
werden. Es ist für mich inzwischen wie eine Art Bibel.)

Julia Onken:
Vatermänner
(Erschütternd vertraute, aber
krank machende Strategien von
Frauen, um sich die Liebe des
Vaters zu sichern, vielleicht fin-
dest auch du dich darin wieder)

Anne Wilson-Schaef:
Coabhängigkeit
(Gibt ein sehr gutes Bild des
»Retter-Syndroms« und zeigt
den Weg hinaus.)

Shakti Gawain:
Leben im Licht
(Ein Vorreiter, als sich noch keiner traute, offen über Intuition
zu reden. Für mich noch immer
eines der besten Bücher über
den Mut, du selbst zu sein.)

Gavin DeBecker:
Mut zur Angst oder Wie Intuiti-
on uns vor Gewalt schützt
(Ein sehr wichtiges Buch, das die
Angst von uns Frauen vor Männern erklärt und zeigt, wie wir
selbst dazu beitragen, Opfer zu
sein, und was uns schützt. Du
lernst durch dieses Buch, deinen
eigenen inneren Warnleuchten
zu vertrauen und nicht mehr so
»nett« zu sein.)

John Bradshaw:
Wenn Scham krank macht
(ausführliche Darstellung eines
sehr zerstörerischen Gefühls)

Margot Anand:
Tantra oder Die Kunst der sexu-
ellen Ekstase
(Tantra, Selbstliebe, Heilung der
Sexualität)

Marianne Williamson:
Rückkehr zur Liebe, Umkehr zum Leben
Der weibliche Weg
(wunderbar geschriebene Bücher über das Loslassen)

Varda Hasselmann und Frank Schmolke:
Archetypen der Seele
und weitere
(sehr ausführliche und strukturierte Durchsagen über die speziellen Aufgaben und Wege, denen sich Seelen stellen, wenn sie auf die Erde kommen)

Clarissa Pinkola Estés:
Die Wolfsfrau
(Bekannte Märchen werden in sehr klarer und ausdrucksvoller Sprache archetypisch erklärt, ein wunderbar mutiges Buch für Frauen, die sich trauen, tief in ihre Abgründe hineinzublicken und die sich nicht scheuen, um sich selbst zu trauern und sich ihre Kraft zurückzuerobern.)

Sabrina Fox:
Wie Engel uns lieben
(ein sehr ehrliches, inspirierendes Buch über die Suche nach der Verbindung zu höheren Energien)

Weitere Internetadressen:
www.shaumbra.de
(Die neue Erde, die Öffnungsprozesse, die neue Energie, all das findest du hier gechannelt und immer auf dem neuesten Stand.)
www.angelsforangels.de
www.kryon.de

Besuchen Sie

Susanne Hühn

auf ihrer Website:

www.susannehuehn.de

Weitere Bücher der Autorin:

Susanne Hühn
**Loslassen und
Reichtum schaffen**
*Die ideale Fülle finden
in 12 Schritten*
180 S., Paperback
ISBN 3-89767-182-4

Susanne Hühn
**Was Dir
Kraft gibt**
*Kleine Rituale für
das tägliche Glück*
288 S., Paperback
ISBN 3-89767-172-7

Susanne Hühn
**Loslassen und
Vertrauen lernen**
*Spirituelle Selbst-
verantwortung und
innere Heilung*
128 S., Paperback
ISBN 3-89767-140-9

Susanne
Hühn
**Katzen-
Geflüster**
*Ein besonde-
rer Ratgeber
für alle, die
mit Tieren
leben und reden*
128 S., Paperback
ISBN 3-89767-218-9